궁 합

궁 합

초판발행일 2007년 6월 20일

지은이 도 담 道淡
펴낸이 문관하
펴낸곳 문원북

출판등록 1992년 12월 15일 제4-197호
전화 (02) 2634-9846
팩시 (02) 2635-9846

이메일 wellpine@hanmail.net
ISBN 978-89-7461-207-8

· 잘못된 책은 바꾸어 드립니다.
· 이 책은 저작권의 보호를 받으며 무단도용 및 사용시
  민사상 손해배상과 형사상 처벌을 받습니다.

궁 합

도담 道淡 지음

머리말

　동양철학은 음양으로 시작하여 음양오행으로 끝맺음을 한다고 해도 과언은 아닙니다.
　눈에 보이지는 않지만 음양오행의 심오한 원리가 우리 일상생활에 미치지 않는 곳이 없는 것은 부정할 수 없는 사실입니다.
　예전부터 우리 조상님들께서 음양오행의 이치로써 사람과 사람을 연결하여 좋은 인연을 맺게 하는 방법 중의 하나가 궁합宮合보는 것이라고 합니다.
　가정이 파탄되고 서로 한 지붕 아래에 살면서도 원수처럼 살아가는 가정이 헤아릴 수 없는 것이 현실입니다. 이러한 현실을 가만 해 볼 때 지금이 바로 우리 조상님들이 인연법으로 활용했던 궁합법이 절실히 요구되는 시대라 하지 않을 수 없습니다.
　물론 소수이겠지만, 아무렇게나 만나서 아무렇게나 살다가 아무렇게나 헤어지는 것이 지금의 현실이고 보면, 한 번 뿐인 인생을 최상의 인연을 만나서 최고의 행복을 누리며 사는 것은 인간으로서의 권리이자 후손에 대한 배려가 아닌가하는 생각을 해 봅니다.
　사람이 한 번 태어나서 한 번 사는 것인데, 이처럼 소중한 인생을 감정적인 판단을 하여 그르친다면 얼마나 안타까운 일이 아닐 수 없겠습니까. 물론 감정적인 판단을 한다고 하여 모두 잘못된 판단은 아니겠지만 될 수 있는 한 신중에 신중을 기하여 인연을 맺는 것이 옳지 않겠는가하는 생각을 해봅니다.

그리고 남녀에 관한 궁합 뿐 아니라, 남녀관계를 떠나 부모와 자식, 형제자매관계, 개인적 대인관계나 회사생활, 거래처의 사업자와의 관계, 채권자와 채무자의 관계 등에 있어서도 본 책의 내용에 있는 납음오행궁합법과 같이 적용해 보신다면 도움이 될 것입니다. 좋은 결혼 날과 결혼 예식에 좋은 시간 잡는 방법도 수록하였으니 참고하시면 좋겠습니다.

혹여 독자 여러분께서 이 궁합 책이 심심풀이로 보는 궁합 책일 뿐이라고 해도 어쩔 수 없는 노릇이지만, 우리 조상님들의 지혜가 고스란히 녹아 있는 궁합책임을 확신하는 바이니 문단어졸文段語拙하여도 잘 활용하시어 좋은 인연 만나 해로하시고 자손에게 영광된 세월을 물려주시기 바랍니다.

끝으로 항상 지원을 아끼지 않으시는 문관하 사장님, 김민철 부장님, 정신적 지주이신 주군 文선생님, 나의 영원한 의제義弟 천정泉亭 강 대운 선생님, 그리고 묵묵히 지켜봐주시고 물심양면으로 도움을 주시는 친형님께 다시 한번 감사를 드립니다.

(사주궁합 상담: 010-3422-4442)

丁亥年
甲辰月
明禮堂 寓居에서
도 담 합 장

차 례

제1장
궁합이 뭐예요? 15

1. 궁합이 도대체 무엇이길래 17
   1) 궁합의 출발점 17
   2) 궁합의 뜻이 무엇인가요? 21
      (1) 겉 궁합 24
      (2) 속 궁합 41
   3) 결혼의 적령기 49

2. 사례별로 본 궁합 엿보기 55
   1) 성격차이로 이혼한 궁합 - ① 58
   2) 성격차이로 이혼한 궁합 - ② 60
   3) 성격차이로 이혼한 궁합 - ③ 62
   4) 성관계 불만으로 이혼한 궁합 65

5) 돈 문제로 이혼한 궁합 …………………… 68
6) 밤낮 없이 싸우는 궁합 …………………… 70
7) 남편이 일찍 죽은 궁합 …………………… 72
8) 자식 없는 궁합 …………………………… 74
9) 장애우의 자식을 둔 궁합 ………………… 76
10) 평생 해로偕老한 궁합 …………………… 78

제2장
기본이론 ………………………………………… 81

1 오행五行의 상생相生 ………………………… 85
2 오행五行의 상극相剋 ………………………… 87
3 전문가를 위한 납음오행산출법納音五行算出法 …… 89

제3장
나의궁합보기 …………………………………… 93

1 납음오행으로 보는 궁합법 …………………… 95
  1) 나와 상대방의 태어난 해(태세) 알아보기 …… 96
  2) 납음오행 궁합 해설 ……………………… 101
    ※ 천간지지 납음오행의 띠 ……………… 101
    (1) 1단계 : 납음오행운극용불용 궁합 보기 …… 102
    (2) 2단계 : 오행의 생극관계 궁합 보기 …… 199

(오행 생극 궁합 해설)

남목여목男木女木 - 주실계견격主失鷄犬格 ········· 202
남목여수男木女水 - 조변성응격鳥變成鷹格 ········· 203
남목여화男木女火 - 삼하봉선격三夏逢扇格 ········· 203
남목여토男木女土 - 입동재의격入冬裁衣格 ········· 203
남목여금男木女金 - 와우부초격臥牛負草格 ········· 204
남화여목男火女木 - 조변성학격鳥變成鶴格 ········· 204
남화여수男火女水 - 노각도교격老脚渡橋格 ········· 204
남화여화男火女火 - 용변위어격龍變爲魚格 ········· 205
남화여토男火女土 - 인변성선격人變成仙格 ········· 205
남화여금男火女金 - 용실명주격龍失明珠格 ········· 205
남토여목男土女木 - 고목봉추격枯木逢秋格 ········· 206
남토여수男土女水 - 음주비가격飮酒悲歌格 ········· 206
남토여화男土女火 - 어변성룡격魚變成龍格 ········· 207
남토여토男土女土 - 개화만지격開花滿枝格 ········· 207
남토여금男土女金 - 조변성안격鳥變成雁格 ········· 207
남금여목男金女木 - 유어실수격游魚失水格 ········· 208
남금여수男金女水 - 사마득태격駟馬得駄格 ········· 208
남금여화男金女火 - 수마중태격瘦馬重駄格 ········· 208
남금여토男金女土 - 선득토목격仙得土木格 ········· 209
남금여금男金女金 - 용변화어격龍變化魚格 ········· 209
남수여목男水女木 - 교변위룡격鮫變爲龍格 ········· 209
남수여수男水女水 - 병마봉침격病馬逢針格 ········· 210
남수여화男水女火 - 화락봉서격花落逢暑格 ········· 210
남수여토男水女土 - 만물봉상격萬物逢霜格 ········· 210

남수여금男水女金 - 삼객봉제격三客逢弟格 ············ 211
　《오행 궁합 상생상극 조견표》 ························· 211

2. 구궁법으로 알아보는 궁합 ···························· 213
　《구궁 궁합 길흉조견표》 ································· 216
　　구궁 궁합 내용 해설
　　　생기生氣 ··· 219
　　　오귀五鬼 ··· 219
　　　연년延年 ··· 220
　　　육살六煞 ··· 220
　　　화해禍害 ··· 220
　　　복덕福德 ··· 221
　　　절명絶命 ··· 221
　　　귀혼歸魂 ··· 222

3. 관상으로 알아보는 궁합 ································ 223
　　1) 준비물 ··· 225
　　2) 보는 방법 ·· 226
　　3) 상생하는 얼굴 궁합 ······························ 227
　　4) 상극하는 얼굴 궁합 ······························ 237
　　5) 비화하는 얼굴 궁합 ······························ 247

4. 사주 명궁命宮에 의한 궁합 ··························· 253
　　1) 나와 상대방의 명궁 찾기 ······················· 254
　　　(태어난 달 찾기) ·································· 254

(태어난 시 찾기) ································· 255
　　　(명궁조견표) ··································· 256
　　2) 명궁 길흉 궁합표 ······························ 258

5. 성명姓名으로 풀어보는 궁합 ···················· 259
　　1) 성명의 구조 ······································ 261
　　　① 성명 적용 및 구조의 예 ················ 262
　　　② 획수로 본 오행 ···························· 263
　　　※ 성명학에서 틀리기 쉬운 획수의 예 ···· 263
　　2) 성명 궁합 해설 ································· 265
　　　남목여목男木女木 - 입신출세격立身出世格 ········ 266
　　　남목여화男木女火 - 고목봉춘격枯木逢春格 ········ 266
　　　남목여토男木女土 - 속성속패격速成速敗格 ········ 266
　　　남목여금男木女金 - 불화쟁론격不和爭論格 ········ 267
　　　남목여수男木女水 - 대부대귀격大富大貴格 ········ 267
　　　남화여목男火女木 - 부귀안태격富貴安泰格 ········ 267
　　　남화여화男火女火 - 개화봉우격開花逢雨格 ········ 268
　　　남화여토男火女土 - 미려강산격美麗江山格 ········ 268
　　　남화여금男火女金 - 사고무친격四顧無親格 ········ 268
　　　남화여수男火女水 - 병난신고격病難辛苦格 ········ 269
　　　남토여목男土女木 - 허명무실격虛名無實格 ········ 269
　　　남토여화男土女火 - 춘일방창격春日芳蒼格 ········ 269
　　　남토여토男土女土 - 일경일고격一慶一苦格 ········ 270
　　　남토여금男土女金 - 유곡회춘격幽谷回春格 ········ 270
　　　남토여수男土女水 - 일장춘몽격一場春夢格 ········ 270

남금여목男金女木 - 추풍낙엽격秋風落葉格 ………… 271
　　남금여화男金女火 - 병고신음격病苦呻吟格 ………… 271
　　남금여토男金女土 - 대지대업격大志大業格 ………… 271
　　남금여금男金女金 - 고독재난격孤獨災難格 ………… 272
　　남금여수男金女水 - 발전평안격發展平安格 ………… 272
　　남수여목男水女木 - 만화방창격萬花芳昌格 ………… 272
　　남수여화男水女火 - 일엽편주격一葉片舟格 ………… 273
　　남수여토男水女土 - 강상풍파격江上風波格 ………… 273
　　남수여금男水女金 - 순풍순성격順風順成格 ………… 273
　　남수여수男水女水 - 평지풍파격平地風波格 ………… 274

6 주역 점으로 알아보는 궁합 ………… 275
　　1) 준비물 ………… 276
　　2) 주역 점치는 방법 ………… 276
　　3) 주역 점 해설 ………… 279

7 결혼 날 잡기 ………… 295
　　1) 생기법生氣法 ………… 295
　　2) 4대 길일四大吉日 ………… 298
　　3) 천롱지아일天聾地啞日 ………… 299
　　4) 천상천하대공망일天上天下大空亡日 ………… 300
　　5) 오합일五合日 ………… 300
　　6) 황도흑도법黃道黑道法(결혼 예식에 좋은 시간 잡기) … 301

**제4장
역학인이 바라본 좋은 배우자는?** ········ 307

**제5장
나쁜 궁합을 극복하는 방법** ················ 315

〈참고문헌〉································· 320

제1장
궁합이 뭐예요?

1. 궁합이 도대체 무엇이길래

1) 궁합의 출발점

짚신도 짝이 있다고 하던데, 사람은 고독한 존재라고 누가 그런 말을 했던가, 허나 그 말이 딱 맞는 말인지라 남자는 여자를 찾는 것이요, 여자는 남자를 찾는 것이 세상사의 첫걸음이라고 생각해 보는데, 우리가 인생을 살면서 마음에 드는 이성이나 배우자를 찾기란 그야말로 모래 속에서 바늘을 찾는 격이요, 하늘에 있는 별을 따는 것과 같은 육체적 수고로움과 정신적 어려움이 따르는 힘든 일 중에서 제일 힘든 일일 것입니다.

어떤 사람은 첫눈에 서로에게 끌려 만난지 며칠 안 되어 결혼 하였는데 남부럽지 않게 알콩달콩 깨가 쏟아지게 잘사는 사람이 있는가 하면, 중매로 만난 사람이 살면 살수록 서로의 정이 새록새록 더하여져 백년해로 하는 경우도 있을 터이고, 몇 년을 두고 고르고 고른 배우자가 첫날밤을 넘기기도 전에 서로 불화가 생겨 헤어지는 사례도 우리 주변에서 심심찮게 들려오는 얘기일 것입니다.

혼기를 앞둔 처녀 총각이나 애인을 구하고자 하는 사람은 누구나, 도대체 나는 어떤 사람을 만나야 행복한 결혼 내지는 연애를 할 수 있겠냐하고 남모르는 고민으로 긴 밤을 하얗게 새우는 날들이 허다 할 것입니다.

그리고 과년한 자식을 둔 부모나 금지옥엽으로 키운 자식을 둔 부모의 입장에서는 자식의 배우자가 될 사람이 어떻게든 남 보기 좋고 내 자식을 사랑해 주며 행복한 가정과 보다 건전하고 높은 사회적 지위를 영위할 수 있도록 해주겠는가하고 자식의 배필을 찾는데 열과 성의를 다한다고 할 것입니다.

기본적으로 사람에게는 동물과 마찬가지로 최상의 배우자를 선택하여 좋은 종자를 가진 종족을 번식하고자 하는 본능이 있기 때문에 남자나 여자나 좋은 배우자를 선택하려는 것은 당연한 것이지만, 특히 남자는 생리적 특성상 많은 여자에게 자신의 씨를 주려고 하는 성향이 있고, 여자는 수많은 남자 중에서 가장 멋있고 능력 있고 기운 센 남자에게 자신을 허락하는 성향이 있다는 것입니다.

물론, 극소수이지만 정신적인 사랑만을 추구하여 여러 조건을 따지지 않고 결혼하는 사람이나, 그야말로 눈에 콩깍지가 씌었거나 색정色情에 눈이 어두운 사람에게는 그렇지 않지만 말입니다. 특히 위에서 말한 남자들의 동물적 성향을 꼬집어 남자를 경계하게 한 말 중에서 '탈무드'에 있는 한 구절이 생각나는 군요.

고주망태에게
맛없는 술이 없고,
장사꾼에게
더러운 돈이 없으며,

색광色狂에게
추녀醜女는 없다.

※ 색광色狂 : 여자와 성관계를 하는 것에 미쳐서 여자라면 사족을 못 쓰고 탐하려하는 남자. 여기서 색色은 여자의 다른 표현임.
요즘 세대에서는 많이 바뀌었습니다만. 색을 탐하는 사람에 있어서 남자와 여자를 구분하는 것이 좀 그렇긴 해도 남자의 동물적 속성을 잘 표현하고 있는 구절인 듯 합니다.
여담으로, 술자리에서 지인知人이 여자에 대하여 하는 말, '불과 여자는 자꾸 건드리면 꺼지는 법이여' 하는 말에 박장대소를 하였으나, 다음날 그 말을 곰곰이 생각하니 과연 맞는 말이구나 하고 고개를 끄덕인 적이 있었습니다. 한마디로 여자를 기분 나쁘게 하지 말라는 말이지요. 동물도 마찬가지지만 육체적 결합을 하기 전까지는 여자가 주도권을 가진다는 말과도 통하는 말입니다.(예외도 있습디다.)

어떤 학자는, 과거에는 남녀간이 정신적 소통이 먼저 이루어지고 난 후라야 육체적 애정을 나누게 되었지만, 요즘 세대에는 남녀간이 육체적 애정을 먼저 나눈 다음이라야 정신적인 소통이 제대로 이루어진다고 진단하는 것만 보아도 시대가 많이 바뀌었다는 것을 실감케 하고 있으니 겉으로 보여 지는 모습이 궁합의 좋고 나쁨을 결정하는 중요한 요소일 수가 있겠구나하는 생각을 해봅니다.
그만큼 시대가 변했다고도 할 수 있겠고, 배우자를 선택하는데 있어서 선택의 폭이 넓어졌다고도 할 수 있겠으나, 분명한 것은 한 남자와 한 여자가 만나서 두 사람 사이에 남이 끼어들지 않고 오로지 두 사람만의 사랑을 나누면서 일생을 인생의 동반자로 살아가야 한다는 것에 대하여는 이견이 없어 보입니다.

  결과적으로 남자와 여자가 존재함이 궁합을 보는 조건의 출발점이 되는데, 남녀 두 사람만의 애정 행각으로 끝나는 문제라면 아무 문제가 없어 보일 듯하지만, 남녀가 만나 결혼하고 자식을 낳고 일가친척들과의 관계를 유지하려면 험난한 인생길이 나타날 수도 있는 것이니만큼, 이 험난한 인생길을 두 사람이 과연 헤쳐 나갈 수 있겠는가 하는 것을 미리 짐작하여 잘못된 만남이라면 일찌감치 대책을 세우는 것이 지혜로운 일이라 하지 않을 수 없겠습니다.

  한漢나라의 어느 왕이 흉노족에게 자신의 딸인 사랑하는 공주를 빼앗길까봐 공주를 빼돌리기 위하여 계책을 세운 것이 '궁합'이라는 것을 만들어 냈다는 얘기가 전해져 옵니다만, 그 이전부터도 남녀의 궁합 맞추기는 인류가 처음 생겨났을 때부터 있었으리라 생각합니다. 어쩌면 궁합을 맞추어본다는 것은 인류의 영원한 숙제겠지요.

궁합의 출발점은

남자와 여자 입니다.

궁합이 나쁘면

잠시 눈에 덮인 콩깍지는

모래알로 변하여 눈을 아프게 합니다.

2) 궁합의 뜻이 무엇인가요?

궁합宮合이란, 우리가 흔히 알고 있는 겉 궁합이니 속 궁합이니 하는 말이 있는데, 먼저 사전적 의미로 말할 것 같으면 '혼인婚姻할 신랑 신부 사주를 오행에 맞추어 보아 부부로서의 길흉을 점치는 방술方術' 이라고 하겠습니다.

그러니 사주四柱를 알아야 궁합이 좋고 나쁨을 알 수 있다는 말이겠지요. 물론 궁합을 판단하는 방법은 여러 가지입니다만 제2장에서 설명 드리기로 하겠습니다.

어느 집이나 부부간의 갈등은 있습니다. 잘사는 사람이건 못사는 사람이건 어떤 이유로든지 갈등을 격고 사는 것이 우리네 가정이요, 우리네 인생살이입니다. 어찌 보면 남자와 여자의 신체적 정신적 메카니즘이 근본적으로 다르기 때문에 발생되는 당연한 결과일지도 모릅니다.

동양에서는 음을 물 기운으로 보아 아래로 가라앉고 감춰지는 특성을 여자에 비유하였고, 양을 불기운으로 보아 위로 치솟아 오르고 겉으로 드러나는 특성을 남자에 비유하였습니다.

이렇게 볼 때 역시 남자와 여자는 물과 불의 관계 혹은 물과 기름의 관계처럼 서로 섞이지 못하는 기본적 갈등구조를 가지고 있다고 할 수 있겠지요. 한편으로는 물을 유용하게 쓰려면 불이 물을 더워서 추위 속에서 쓰기 편하게 하거나 증기를 발생케 하여 동력을 얻는 지혜라든지, 불이 강렬할 때 물로 온도를 낮추어 불을 사용하기 용이하게 하는 지혜 등은 물과 불과의 갈등관계를 개선하여 발전적이고 생산적이며 효율적인 대안이라고 하여도 틀린 말은 아닐 것입니다.

이렇듯 물과 불은 서로 갈등관계이면서 보완관계에 있으니, 다시 말하여 남자와 여자는 서로 갈등관계이면서 보완관계에 있으니 서로의 성향을 잘 파악하여 갈등관계를 최소화하고 보완관계를 부각시켜서 보다 행복한 삶을 영위하는 것이 바람직한 인생살이가 아닌가 생각해 봅니다.

이러한 작업 중의 하나가 남녀간의 미래에 걸림돌이 있는가 없는가, 혹은 그 걸림돌을 제거하는 방법은 없겠는가, 혹은 걸림돌을 극복하고 새로운 행복을 창조해 나갈 수 있겠는가를 판단하는 작업인 궁합을 보는 것입니다.

궁합宮合의 한자 뜻을 풀어 보면,
宮合 = 宮 생식기 궁 + 合 합할 합

이라는 내용이 되고 있으니, 결국 궁합이란 남자의 생식기와 여자의 생식기를 합하는 것을 말하는 것이므로, '궁합을 본다'는 것은 남녀의 생식기가 서로 어울려 잘 맞을 수 있겠는가를 보아 훌륭한 자식을 생산할 수 있겠는가를 미루어 짐작하는 방술이었다고 말할 수 있겠습니다.

이에 사주에서 음천한 사람인지, 방정한 사람인지를 가려 좋은 자식을 가질 수 있는 생식기가 음양 오행적으로 상생相生하여 서로 잘 맞는 방정한 남녀의 팔자를 가려내는 것이라고 하겠습니다. 물론 사주에서 뿐만 아니라 다른 점술로도 분별하는 방법은 많이 있습니다.

※ 궁宮이 왜 생식기냐 라는 의문이 생기는데, 〈서경書經〉순전舜典에서 비롯된 고대 형벌의 이름에, 묵黥(이마에 刺字하는 벌로 黥刑이라고도

함)·의劓(코를 베는 벌)·비剕(발을 자르는 벌로 刖刑이라고도 함)·궁宮(생식기를 없애는 벌)·대벽(死刑)과 같이 신체에 가하는 형벌이 있었다는 것 중에서 궁宮이 생식기라는 의미가 비롯되었다고 본다.

본래 궁합이란

남자의 생식기와 여자의 생식기를

합하는 것을 말합니다.

그러니 어디 가서 함부로

궁합보자는 말을 해서는 안 되겠지요?

궁합의 의미를 알아보았으니 다음은 우리가 흔히 말하는 겉 궁합과 속궁합에 대하여 알아보기로 하겠습니다.

(1) 겉 궁합

겉 궁합은 남녀 서로가 서로에게 호감을 가지는 인상이냐 아니냐를 겉모습을 보고 판단하는 것입니다. 요즘 말로 비호감이냐 아니냐를 첫눈에 판단해 보는 것입니다.

다분히 겉모습을 보고 판단을 내린다는 말일 수도 있는데, 어찌 생각하면 직감으로 상대의 속까지 판단하는 것이라고 하겠지요.

그러나 이러한 직감이 과학적인 정확한 증거는 없지만 적중률이 높다는 것입니다. 더구나 영감이 뛰어난 정신의 소유자라면 더 말할 것이 없겠지요.

미국에서 부동산업을 하는 부동산 전문가 한 분이 이런 말을 한 것을 기억해 봅니다.

그 분이 하는 말이,

"집을 매매할 때 집을 사려고 하는 사람을 데리고
팔려고 내놓은 집을 보여 주러 가면,
집을 사려는 사람은 불과 '4초 이내'에
집을 살 것인가 말 것인가를 마음속으로 판가름 합니다.
저의 다년간 경험에 비추어 거의 틀림없습니다."

왜 필자가 이런 말을 하는지 이해가 되시지요?
사람이 사람을 판단하는데도 마찬가지이기 때문입니다.
첫눈에 순간적으로 성냥불을 켜는 순간처럼 머릿속에서 벌써 '이 사람이 내 사람이구나' 하는 본능적 직감이 작용하여 내 사람이라는 판단이 마음속에 각인이 된다고 하겠지요.

그러나 그 첫눈에 반한 것은 탐욕의 본능일 수도 있으니, 탐욕의 본능은 오래가지 못하는 법으로 심사숙고하지 않으면 후일에 반드시 후회할 일이 생기는 것입니다.

감정이나 본능에 치우치면 낭패를 본다는 말이겠지요. 콩깍지가 눈에 덮인 것처럼 말입니다.

배우자를 선택할 때에 궁합을 보는 이유가 대부분 부자로 잘 살겠느냐, 서로 다툼이 없겠느냐, 속 썩지 않겠느냐, 사회적으로 행세를 하겠느냐, 가문을 일으킬 수 있겠느냐 등을 묻고자 함인데, 잠자리 궁합(Sex 궁합)은 서로의 내심內心으로 판단하여 겉 궁합으로는 알아보려고 하지 않고 혼자만의 마음속으로 판단하고 있음을 알 수 있습니다.

이것이 단 몇 초 만에 판단이 이루어지는 남녀 간의 겉 궁합이 아닌 속 궁합이라고 해도 틀린 말은 아닐 것입니다.

겉 궁합을 보는 방법은 사주팔자로 말하자면 띠를 가지고 합습이 들었느냐 아니냐로 남녀간의 겉 궁합을 판단해 보는 경우도 있겠고, 서로의 혈액형의 성향을 맞춰보는 경우도 있겠고, 별자리 등으로 겉 궁합을 보는 경우도 있습니다.

예전에도 겉 궁합을 보는 방법이 여러 종류가 있었는데, 사주팔자 중 태어난 띠와 생년의 육십갑자 납음오행으로 겉 궁합을 맞춰 보는 예가 소설 속에도 등장하고 있습니다.

그 예를 들어 보면,

'혼불'(조선말기에서 일제시대를 지나는 시대적 배경의 대하소설. 최명희崔明姬 작-여류 소설가 1947. 10. 10~1998. 12. 11)에 등장하는 궁합 보는 흥미로운 일화를 소개해 봅니다. 고인의 명복을 빌며… 도담道淡이 인용합니다.

무릇 인간이란, 저 광대 무변한 우주 공간과 영원 무궁한 시간 속에 끊임없이 생성하고 소멸하는 삼라만상 가운데, 가장 미묘 신비한 존재이니. 날 때부터 벌써 사람마다, 천귀天貴·천액天厄·천권天權·천파天破·천간天奸·천문天文·천복天福·천역天驛·천고天孤·천인天刃·천예天藝·천수天壽를 관장하며 하늘을 운행하는 열두 별의 정기를 받고 태어난다.

사람이 세상에 출생할 적에 만약 좋은 별을 만나면 일생 부귀공명하고, 불행히 나쁜 별을 만나면 곤고 빈천하게 되는데.

이 운명의 길흉을 누구라서 미리 알 수 있으랴.

다만 그 사람이 난 생·년·월·일·시를 기점으로 해서 간지干支를 짚어 보며, 천리묘법天理妙法을 짐작할 수 있을 뿐.

육갑六甲은, 위로 하늘로 벋은 나무의 줄기와 가지를 묘사한 천간天干, 즉 갑甲·을乙·병丙·정丁·무戊·기己·경庚·신辛·임壬·계癸의 십간十干과, 아래로 땅속의 뿌리를 상징하는 지지地支, 즉 자子·축丑·인寅·묘卯·진辰·사巳·오午·미未·신申·유酉·술戌·해亥의 십이지가 서로 결합하여, 갑자甲子·을축乙丑·병인丙寅·정묘丁卯 … 계해癸亥까지 육십 개 간지를 이룬 것인데.

이 육십갑자, 육갑으로는 천지 자연의 이치와 도리를 헤아려 만물에 통하는 음양陰陽과 오행五行, 그리고 수數와 방각方角이며 색色 등을 산출 할 수 있다.

이것들은 상호 이끌리어 친하게 합합하며 상생相生하기도 하지만, 어울리지 않아서 배척하는 충沖과 극剋도 있어서.

서로 합이 들면 복록이 물론 넘칠 것이나 '상충', '상극' 이 들면 질병과 고통에 시달리며 파가破家하여 고향을 떠나든지 소송·구설에 휘말리어 흉한 일이 그치지 않는다.

이는 간지오행에도 적용된다. 우주 만물을 형성하며 만상을 변화시키는 다섯 가지 원소인 쇠와 나무와 물과 불 그리고 흙, 곧 금金·목木·수水·화火·토土를 오행이라 하는데, 육갑의 간지마다 이 가운데 한 성질을 띠는 것이다.

말하자면 자신의 생년 간지가 갑자·을축인 사람은 '금(쇠)'에 해당하며, 병인·정묘인 사람은 '화(불)'요, 무진·기사인 사람은 '목(나무)' …… 이라고 보는 것이다.

그러나 같은 '금'이라 해도 납음納音에 따라 속궁이 다르다. 납음이란, 간지마다 오행을 밝히면서, 좀더 구체적이고도 상징적인 글귀로 그 성질을 압축 풀이해 놓은 말이니.

곧 갑자·을축은 '해중금海中金'이라 바닷속에 잠긴 쇠요. 갑오·을미는 '사중금砂中金'이어서 모래 속에 묻힌 쇠다. 그리고 무진·기사는 '대림목大林木'으로 우거진 수풀에 선 나무인가 하면, 무술·기해는 '평지목平地木'이매 평평한 땅에 난 나무다.

이 간지오행끼리도 상생과 상극이 있어, 서로 도와 번성하게도 하고 극하여 해치기도 한다.

아아, 풀잎 끝에 이슬 같은 초로인생, 바람처럼 건 듯 한 번 왔다 가는 길, 사람으로 난 바에야 귀인으로 권세 높아 목록을 누리고 싶지, 그 누구가 제 운명에 흉액을 바라오며 상충이나 상극을 꿈꿀 것인가.

그러나 인생은 고르지 못하여, 칼을 맞고 살煞을 맞아 꺾이고 부서진 상처로 만신창이가 된 사람 수 헤아릴 수 없으며, 일이 뜻 같지 아니하여 평생에 숨은 근심을 곁의 사람조차도 아지 못하는 이 하나 둘이 아니다.

제1장 궁합이 뭐예요?

그러다가 끝내는 인생이 운명과 부딪혀 박살이 나거나, 운명이 인생을 극혜하여 절명에 이르기도 하나니.

비명非命에 안가도 죽음은 설운 것인데, 하물며 제명에 못 죽은 원혼들의 원통함이야 달리 일러 무엇 하리. 육십갑자 간지마다 원혼들의 곡성이 낭자하여, 목 놓아 우는 소리 이승을 적시고 구천에 울린다.

어와아, 세상 천지 사람들아.

이내 원한 맺힌 마음 세세히도 풀어내어, 만리장성 펼친 듯이 구구 절절 읊어 주소 가련하고 불쌍하다, 이 세상이 원수로다.

갑자 을축 해중금海中金은 금생金生 남녀 원혼이라아
송죽같은 곧은 절개 해로 백년 하자고 맹세를 했건마는
이 세상에 태어나아 남 산 세상을 못 사시고
타도난 복을 못다 쓰고오
남 산 부부를 못 사시고
황천객이 되었으니이
근들 아니 원혼인가 나무아미타아불
병인 정묘 노중화爐中火, 화생火生 남녀 원혼이라아
북망산천 달 밝은데 무인산중 홀로 누웠으니
독수공방 기나긴 밤을 어이 홀로 지새리요오
노상천백 타는 불에 무주고혼無主孤魂 분별할까
거리중천 떠다니며
야월공산 두견같이 주야장천晝夜長川 슬피운다
구곡간장 썩어드니
근들 아니 원혼인가 나무아미타아불

무진 기사 대림목大林木은 목생木生 남녀 원혼이라아
동원도리東園桃李 섰는 수풀 곳곳마다 푸른 빛이라
울울창송 입하초에 추월상강秋月霜降 처량하다
설중매화 독대춘獨待春은 홀로 봄빛을 사양하네
눈을 들어 돌아보니 나오는 것은 한숨이요 흐르는 것은 눈물이라
근들 아니 원혼인가 나무아미타아불
경오 신미 노방토路傍土는 토생土生 남녀 원혼이라아
살은 썩어 물이 되고 뼈는 썩어 흙이 되니
대로변에 묻힌 무덤 어느 누가 불별할까 한심허고 가련허다
근들 아니 원혼인가 나무아미타아불
임신 계유 검봉금劍鋒金은 금생金生 남녀 원혼이라아
일락서산 저문 날에 해도 졌다 다시 돋건마는
저기 앉은 저 혼령은 아차 한번 가고 보면 다시 올 길 적막허니
만리천성 죽은 몸이 충효보행 어이하리
억만장졸 창검하에 객사고혼 가련하다
근들 아니 원혼인가 나무아미타아불
갑술 을해 산두화山頭花는 화생 남녀 원혼이라아
잎은 피어 청산이요 꽃은 피어 화산인데
불쌍허고 가련허신 좌우 앉은 조상들은 실신失身장군 사자되야
봉화불을 어이할꼬 꺼져가는 연기라도 부칠 길이 바이 없네
근들 아니 원혼인가 나무아미타아불
병자 정축 간하수澗下水는 수생水生 남녀 원혼이라아

초패왕의 고집으로 구령 말을 아니 듣고
만경창파 푸른 물에 수중고혼 가련하다
밤은 깊어 삼경인데 짝을 잃은 외기러기
높이 떠서 빈 하늘에 나와 같이 슬피운다
근들 아니 원혼인가 나무아미타아불
무인 기묘 성두토城頭土는 토생 남녀 원혼이라아
일락서산 저문 날에 일월공성 처량하다
무주공산無主空山 적막하게 토생 남녀 봉분封墳하니
청송녹죽靑松綠竹 울을 삼고 홀로 누운 고혼孤魂이야
근들 아니 원혼인가 나무아미타아불
경진 신사 백랍금白蠟金은 금생 남녀 원혼이라아
백약에도 효험 없고 병환 나서 죽단 말가
만리타향 명부冥府에서
금의환향 돌아온들 어느 처가 반겨할까
고독으로 우는 몸이 가련하기 측량 없다
근들 아니 원혼인가 나무아미타아불
임오 계미 양류목楊柳木은 목생 남녀 원혼이라아
추풍세월 눈물 바다 방울방울 맺혀 있네
녹음방초 성화시에 시내 강변 푸르도다
늘어지고 쳐진 버들 죽은 고혼 돌아볼까
오고 가는 인간 일월 적막하기 그지없어
한심허고 가련하다
근들 아니 원혼인가 나무아미타아불

…중략…

갑진 을사 복등화覆燈火는 화생남녀 원혼이라아
추월춘풍 두견새는 공산야월 달 밝은데
홀로 앉아 슬피운다 어찌 아니 처량하리
무정이야 이팔청춘
어여쁜 그 모습은 간 곳이 바이 없고
등잔 불에 저 혼백은 잠들 길이 전혀 없네
근들 아니 원혼인가 나무아미타아불
병오 정미 천하수天河水는 수생 남녀 원혼이라아
칠월칠일 칠석날에 천리 은하 오작교에
일년일도一年一到 건너가서 견우직녀 상봉하야
만단설화萬端說話 못다 하고 무심하게 이별하네
귀명황천 돌아가며 걸음걸음 슬피 운다
근들 아니 원혼인가 나무아미타아불
무신 기유 대역토大驛土는 토생 남녀 원혼이라아
태산이 평지 되고 평지가 태산이 되도록 원혼 맺혀 한이로다
천년 만년 한이 되야 풀어낼 길 망연하다
가련허고 가련허다
이 내 몸이 북망산천 돌아가네
홍도백도 붉은 꽃은 낙화점점 눈물이라
가련허고 불쌍하다 이 세상이 원수로다
근들 아니 원혼인가 나무아미타아불

당골네는 제 설움에 겨운 일이라도 있는 사람처럼 흐느끼는 목소리로 육갑해원경六甲解冤經의 고비고비를 왼다.

…중략…

"이런 것은 비 올 때 우산 쓰는 것이나 마찬가지로, 몸에 지녀 급한 면免을 하자는 게다. 보호가 되지. 천만 다행히도 너한테 삼재는 들지 않았지만 정이월에는 팔패가 들고, 동지섣달에는 망신살이 끼었느니라. …중략… 그리고, 남자가 패가敗家하고 망신하는 것은 여자 때문인 수가 많으니."
 어미 말을 명심해라.
 어미 말을 명심해라.
 강모의 귓속에 율촌댁의 음성이 쟁쟁하게 울린다.
 내, 어느 날은 곰곰이 생각을 해 보았는데, 암만해도 너희 내외 남수여화男水女火로 만난 것이 아닌가 싶었더니라. 너는 스물하나, 임술생이니 납음納音이 대해수大海水요, 네 아내는 스물넷 기미생 천상화天上火라. 물과 불이 만났어. 내 생각에, 같은 물과 불이라도 산두화山頭火에 간하수澗下水라면, 산 머리에 불은 봉화 불일 것이고 골짜기 물은 벽계수이리니, 상극은 상극이라도 한 산에 들면 어찌 어찌 조화가 될란지 어쩔란지. 하지만, 너희들은 바닷물에 하늘 위 불 아니냐. 바다와 하늘은 둘 다 너무 커서 집안에 큰 마당이나 우물을 이루기엔 적당치 않다. 거기다가 하늘 위의 불이라면 구름 속의 번개라. 번개는 날카롭고 살기가 있다. 또 번갯불이 치면 천둥이 울게 마련. 천지가 깜짝 놀라 정신이 흩어지고, 사람들은 번개를 무서워하지. 그래서 너도 네 아내가 두려운가.
 예로부터 남녀가 서로 만나 부부의 인연을 지을 적에는 하늘이 살피고 땅이 도와서 연분이 되는 것이지마는, 삼생의 원수가 이생에 만나졌던가, 서로 상극相剋 상충相沖하는 부부도 많지 않느냐.

그래서 그런 못된 운수를 피하려고 궁합을 미리 보는 것인즉, 납음을 살펴 자기한테 알맞은 사람을 만나야만 한단다.

납음이란 무엇인고. 자기의 생년 육갑에서 나오는 오행五行을 가지고 남녀가 상생相生되는 것을 맞추어 보는 것이다.

오행별로 볼 때 상생이 있는가 하면 상극도 있으니, 서로 기운을 도와 일어나게 하는 상생이라 함은 금생수金生水, 수생목水生木, 목생화木生火, 화생토火生土, 토생금土生金을 말하지. 금은 물을 생하고, 물은 나무를 자라게 하며, 나무는 불을 일으킨다. 그리고 불은 타고 남은 재로 거름을 만들어 흙을 비옥하게 하며, 흙은 쇠를 품어 준다. 이 얼마나 좋은 사이이랴.

허나, 원수 같은 상극은, 금극목金剋木으로 쇠는 나무를 극하고, 도끼로 나무를 찍고, 톱으로 나무를 자르는 걸 생각해 봐라. 짐작이 가지. 또 목극토木剋土로 나무는 흙을 무너뜨리며, 토극수土剋水는 너도 생각해 보면 알리라만 상극이 아니겠느냐. 물은 흙을 깎아 내리고 흙은 물을 메워 길을 막는 것. 서로 만나 좋을 일이 없고말고. 또한 수극화水剋火도 마찬가지 이치라 물로는 불을 끄고, 불로는 물을 말린다. 그리고 화극금火剋金이 서로 상극이다. 이 세상에서 쇠를 녹일 수 있는 것은 오직 불 뿐인데 불과 쇠가 서로 만나면 어찌 되겠느냐. 말로 하지 않더라도 손바닥을 보듯이 훤한 일이다.

여기에 네가 물이고 네 안이 불인즉, '남수여화'인데, 이는 화락봉서花落逢暑라. 꽃이 떨어지고 여름을 만난 격이다. 수화水火가 상극이매, 부부가 서로 불손하고 자손이 불효하며 일가 친척이 화목치 못하여 자연 백년을 서로 근심해야 한다더라. 재산이 태산과 같다 하더라도 어느새 새어나가 재물을 탕진하고, 부부 서로 이별수가 있으며, 혹 자손을 두어도 기르기 어려운 운수라. 부부가 항상 귀신같이 여기며 싸우니, 서로 죽이어 명이 짧아지리라, 했다. 이보다 더 참담한 꼴이 어디 있을꼬.

아아, 끔찍하여라.

토성 여인 또한 좋지 않아서, 남수여토男水女土면 만물봉상萬物逢霜이라. 만물이 서리를 만난 격이지. 물과 흙은 상극으로, 항상 재난과 액운이 끊이지 않아 곤핍하고, 부부가 같은 집에 살아도 상서롭지 못해서 가내 화목을 바라기 어려운데다가, 자손은 불효하고, 살림은 흩어져서 티끌이 되니 우마牛馬와 재산의 흔적을 찾기 어렵도다. 관재官災와 재난이 앞길을 가로막아, 만사에 구설이 분분하니 조용할 날이 없구나. 부부 이별하여 독수공방을 면치 못하든지 남편의 상고喪故를 당할 격일진저.

그렇지만 금성의 여인을 만난다면 크게 길하니. 남수여금男水女金은 삼객봉제三客逢弟라. 나그네가 반가운 동생을 만나는 격이다. 금생수하매 부부 서로 화합하며 부귀할 것이고, 옥과 구슬로 지은 집에서 백년을 해로하는 괘란다. 자손은 창성하고 생에는 점점 흡족해, 일가 친척의 웃음 소리 넘치는데, 전답과 금은 보화를 어디에 다 두오리오.

목성의 여인도 좋지. 남수여목男水女木은 교변위용鮫變爲龍, 상어가 변하여 용이 된 격이야. 수생목하니, 이런 남녀의 결합은 자손이 번창하는 것이 나뭇가지 우거짐 같고, 서로 자라서 무성함에 그늘이 도타워 남에게는 덕이 되며, 스스로 부귀 장수 복락이 그치지 않으리라 했다. 재산은 불어나 흥왕하며 노비와 전답이 그득하여 영화가 무궁하고, 공명을 떨쳐 거룩한 이름은 세상을 비추니, 평생에 기쁜 일뿐이라. 부부의 금슬인즉 어찌 아니 좋으리요.

끝으로, 수성의 여인도 대길하다. 남수여수男水女水는 병마봉침病馬逢針. 병든 말이 침을 만난 격이니, 이보다 더 좋은 일이 있겠는가. 이제는 완치 쾌차하게 되리라. 물과 물이 모이면 여울이 냇물 되고, 냇물이 강물 되며, 강물은 바다를 이루듯이 기쁜 일이 날로 쌓이어, 지위는 더욱 높아지고 덕망은 점점 깊어져 만인의 존경을 받을 뿐 아니라, 세상의 재물이 모두 이 골로 모여 끝이 없도다. 부부 서로 자나 깨나 잊혀지지 않는 것이 처음의 만남과 같으니, 효성이 지극한 자손이 집안에 만당하고 생기 가득한 일생은 안락을 다 하리라.

너희 아버님은 마흔여덟, 을미생이라. 사중금砂中金이시고, 나는 마흔셋, 경자생으로 벽상토壁上土여서, 금생토, 토생금, 서로 상생이란다. 남금여토로 만나면 산득토목山得土木, 산이 흙과 나무를 만난 격이니 얼마나 부요하냐. 평생토록 좋은 집에서 부부가 해로 화락하고 자손이 번성한다 했다. 비단 옷에 옥식玉食이 가득하매 부러울 것이 없느니. 명예가 사해四海에 진동함을 만인이 칭송하리란다.

또 할머님은 올해 일흔 둘, 경오생이시니 노방토路傍土로서, 비록 궁합을 맞추는 것은 아니나, 모자지간에도 토생금, 금생토, 앞서 말한 대로 상생하여 좋으신가 싶더라. 양모養母 양자養子 사이가 저리 지극하기는 어려우니라. 자애와 효심이 고금에 없는 정경을 보자면, 과연 두 분이 합슴이 들기는 단단히 드신 모양 분명하다.

모자지간만 그러한 것 아니라 나하고 고부간에도 좋으시다. 만일 이 괘로 남녀가 만난다면 남토여토 아니냐? 이는 개화만지開花滿枝라. 가지마다 꽃이 핀 격인즉 양토兩土가 상합相合하니, 자손이 창성하고 효도를 잘하며 무병장수할 것이란다. 부귀한 풍류객이 되어 고루거각에 앉아 영화를 누리는데, 해마다 경사롭고 일마다 이로우니, 녹봉이 갈수록 두터워지리라······. 듣는 귀도 오죽이나 보드라우냐.

이렇게 좋은 귀도 없는 것이 아니건만, 너희는 어쩌다 그렇게 만났을꼬. 그런 거 다 쓸데없다고, 선비의 집안에 인륜지대사를 잡술에 의존할 것이냐고, 아버님이 엄중히 꾸중하시고, 문벌 보아 성씨 보아 정하니 이렇지. 내 너희 내외의 정경이 하도 보기 딱해서, 지난번에 사주四柱 잘 보는 조생원이 사랑에 아버님 뵈오러 왔길래, 남모르게 부탁해서 적어 놓은 괘가 이렇구나.

아무 말도 안하고 내 혼자 속으로만 알고 있으려다가, 기왕에 이러한 운수라면, 이제부터라도 명심 각골해서 어쨌든지 무사히 극복하는 쪽이 더 났겠다 싶어 너한테 하는 말이다.

하기는, 사주 속 같이 기묘한 것이 없어서 궁합에는, 상극 중에 오히려 상생하는 명命이 있나니. 사중금과 같이 모래 속에 묻힌 쇠나 차천금 같이 비녀와 팔찌를 만드는 쇠는 너무나 강한 금이어서 불을 만나야 성취할 수 있듯이. 벽력화·천상화는 물을 만나야 복록과 영화가 있다더라. 이 둘 다 번갯불이니, 물 먹은 구름이 모여야 번개를 치고, 번개를 쳐야 큰 비가 오는 이치를 보면 속뜻을 짐작할 수 있으리라. 그래서, 그렇게만 본다면 너희 둘, 괜찮은 것 같지만, 천하수와 대해수는 불보다 흙을 만나야 더 좋다는 구나. 망망대해 외로운데 흙이라면 섬이나 육지를 말하지 않느냐. 반가운 맘 그지없고 음양이 상합하련만.
 네 안은 너 만나서 큰 덕을 보겠으나, 너는 네 안 만나 어찌 풀어 나갈는지.
 아깝고 애돌와라.

 … 이하 생략 …

혼불 2권 '12 망혼제', '13 어둠의 사슬' 중에서.
(다음 제2장에 납음오행의 내용을 상세히 적어 둡니다.)

 비록 소설 속에 등장하는 납음오행에 대한 궁합법의 이야기지만 우리네 정서 속에 은연 중 녹아 있는 피할 수 없는 필연적인 운명의 사슬이라고 생각할 수도 있겠지요.
 너무 심한 표현이었나요? 이러한 인간의 굴레에서 벗어나기 위하여 마음 닦는 수행이나 공부가 필요한 가 봅니다.
 이 소설에서 '속궁'이라는 말이 등장하는데, 여기서는 속궁이라는 뜻이 사주의 생년 간지로 궁합을 맞춰보는 '겉 궁합'이라는 의미로 볼 수 있습니다.
 그리고 궁합이라는 것이 반드시 배우자가 될 남녀의 성향을 맞춰 보는 것 외에도 타인과의 인간성향을 파악하는 도구로써 활용되었을 수 있었겠다는 생각도 해 봅니다.
 어찌되었든 세간에 궁합을 맞춰보는 것이 '잡술'의 하나라고 치부해 버리고는 있지만, 우리들 마음 속 깊은 어디엔가 타인과의 관계를 비교하며 서로 간에 궁합의 좋고 나쁨을 내심內心의 잣대로 눈여겨보는 것만은 틀림없는 사실일 것입니다.

단순히 궁합을 가지고 대인관계나 인간성향, 빈부귀천 등을 따져서는 안 되겠지만, 피할 수 없는 궁합이 만들어진 근원을 가지고 있는 우주의 기운을 그대로 받고 있는 우리들로서는, 궁합을 보는 것이 단순한 참고사항이 아닌, 이별, 고통, 고난의 연속인 삶의 지혜로서 활용한다면 반드시 그 어려움에서 벗어날 수 있으리라 생각하는 바입니다.

옛말에 오복五福(수壽, 부富, 강령康寧, 유호덕攸好德, 고종명考終命)보다 더 큰 것이 처복妻福이라 했던가. 러시아 속담에도 싸움터에 나갈 때는 기도를 한 번 하고, 바다에 나갈 때는 기도를 두 번하고, 결혼을 할 때는 기도를 세 번하라고 하였습니다.

우리나라 뿐 아니라 세계 어느 나라든 남녀의 문제가 가장 근본적이고 원초적인 인사人事라, 남녀간의 결혼을 인륜지대사人倫之大事라고 했나봅니다. 그 결혼의 가장 첫 출발이 궁합을 보는 것부터 시작하고 있으니 궁합의 중요성은 두 번, 세 번 강조를 하여도 지나치지 않을 것입니다.

반드시 결혼을 전제로 사귀는 사이가 아니라도 서로의 안녕과 행복을 위해서는 두 사람의 궁합은 필수불가결한 것이라고 할 것입니다.

결론적으로,

대중적인 걸 궁합의 의미는, 두 사람이 서로 잘 어울리겠는가, 살면서 다툼은 없겠는가, 평생 무탈하게 살아갈 수 있겠는가 등의 대체적으로 무난히 가정적, 사회적인 조화로움을 이루며 살아 갈 수 있겠는가를 알아보는 것이라 하겠습니다.

학술적인 의미를 살펴보면, 사주 명리학에서 말하는 걸 궁합이라는 것은 사주의 생년(태어난 해) 간지(천간과지지, 즉 띠를 말함)를 기준하여 '그 태어난 해'의 태양계 행성 중의 하나인 목성木星의 기氣를 어찌 받고 태어났는가에 따라 그 기氣의 부족함과 남음을 서로 보완하는 간지

(띠)가 어떤 것이냐를 찾는 것입니다. 소설 속의 이야기에서도 사람이 우주의 열 두별의 정기를 받고 태어난다고 하는 것, 즉 목성의 기氣가 태어날 때 얼마나 영향을 주었는가를 말해 주는 대목입니다.

※ 여기서 '그 태어난 해'란? : 태세太歲라고 함, 태세라는 것은 목성木星(세성歲星이라고도 함)의 태양을 중심으로 한 공전주기에서의 위치 중의 한 곳에 해당하는 해, 예컨대 무자戊子년이라면 목성의 공전주기가 우주 공간 60갑자의 위치 중 무자戊子의 위치에 있는 것. 음양오행도 그 근원은 우주에 28수 별자리의 기운이 지구에 미치는 영향에서 생겨났다는 설說이 유력합니다.

※ 전문가 참고용 사주팔자 구조의 보기 예

시주	일주	월주	년주	사주 / 비고
병丙	계癸	병丙	갑甲	천간
진辰	유酉	인寅	자子	지지
칠요성七曜星 - 28수宿의 운행 목요성木曜星 금요성金曜星 토요성土曜星 일요성日曜星 월요성月曜星 화요성火曜星 수요성水曜星의 운행위치에 영향을 받는다.	태양의 공전위치(황도黃道의 위치)와 태양의 자전 위치에 영향을 받는다.	태양과 달이 만나는 위치(성차星次-태양과 달은 황도黃道의 위치에서 1년에 12번 만남)에 영향을 받는다.	태세太歲라고도 함. 목성木星의 공전위치에 영향을 받는다.	내용

※ 전문가 참고용 28수宿 : 음양오행을 낳은 별자리 기본 범위

木曜星	金曜星	土曜星	日曜星	月曜星	火曜星	水曜星
각角	항亢	저低	방房	심心	미尾	기箕
두斗	우牛	여女	허虛	위危	실室	벽壁
규奎	루婁	위胃	묘昴	필畢	자觜	삼參
정井	귀鬼	류柳	성星	장張	익翼	진軫

(2) 속 궁합

　속 궁합으로 들어가면 겉 궁합과는 세부적인 사항을 알아 볼 수 있습니다. 옛말에 겉 궁합보다는 속 궁합이 좋아야 한다고 했습니다. 속 궁합은 말 그대로 겉으로 드러나지 않는 은밀하고 개성적인 부분이라고 할 수 있습니다.

　호두에 비유하자면 겉껍질이 겉 궁합이고, 속 알맹이가 속 궁합인 것이지요. 호두를 깨뜨려 보기 전까지는 모양 좋은 겉모습만 보일 뿐이지 속 알맹이가 썩었는지, 실한지, 비어있는지 알 수가 없겠지요.

　사람도 마찬가지로 아무리 겉치레를 한다하여도 겉과 속이 다를 수도 있고, 같을 수도 있는데, 그 겉과 속이 같은 사람은 아주 드물다고 할 수 있습니다. 뛰어난 혜안慧眼을 가진 사람이라면 몰라도 평상인이 그것을 판단하기란 쉬운 일이 아니겠지요.

　옛 현인賢人들은 광대한 우주에 별들의 운행을 관찰하여 하늘의 이치를 깨달아, 하늘의 이치가 음양오행으로 작용한다는 것을 발견하고 이를 사람에게도 적용될 수 있다는 것을 착안하여 사람의 마음을 읽을 수 있는 방법을 만들어 냈던 것입니다.

　예를 들자면,

　하늘은 변하지 않는 운행률運行律(운행하는 법칙)을 가지고 있으며, 땅은 하늘의 영향을 그대로 받아 계절의 변화로 인하여 변화무쌍한 현상들이 일어나고 있습니다.

　이에 사람은, 머리는 하늘을 이고 있고 발은 땅을 밟고 있어서 위로부터 '하늘天 - 사람人 - 땅地'의 조화를 이루며 살아가고 있는 것입니다.

　그래서 천지인天地人 삼재三才라는 말이 생겨나게 된 것이며, 이러한 삼재三才의 원리(음양오행의 근원)에 의하여 사람의 길흉사를 판단하는 방법까지 터득하게 되었던 것입니다.

하늘은 머리, 즉 마음과 정신을 주관하며, 땅은 발로 딛고 있는 육체를 주관하기 때문에, 육체에 깃들어 있는 사람의 마음은 하늘의 마음이라고 할 수 있으며, 육체가 죽으면 마음은 하늘(하늘은 우주 공간이겠지요)로 간다고 할 수 있습니다.

육체는 땅위에서 살아가며 죽어서도 흙으로 돌아가는 것입니다. 그래서 혼비백산魂飛魄散이라는 말이 생겨난 것입니다.

혼비백산魂飛魄散이란, 혼魂은 죽은 사람의 마음, 즉 혼령이고, 백魄은 죽은 사람의 육체를 말하는 것으로, 혼비魂飛는 혼이 하늘로 날아간다는 뜻이요, 백산魄散은 죽은 육체가 땅위에 흩어진다는 뜻이 되는 것입니다.

여기서 하늘로 올라간 마음은 크게 두 가지로 나누어지는데, 귀신鬼神의 귀鬼는 악한 마음을 가진 혼령이고, 신神은 선한 마음의 혼령을 말하는 것입니다. 이 둘 모두를 합하여 귀신이라고 하는 것입니다.

이야기가 엉뚱한 방향으로 흘렀습니다.

다시, 속 궁합에 대하여 말씀드립니다.

열 길 물 속은 알아도 한 길 사람 속은 모른다는 속담이 있습니다.

그 만큼 사람 속을 알기가 어렵다는 것이겠지요. 속 궁합은 이렇듯 알기 어려운 사람 속을 꿰뚫어 보고 서로 잘 어울릴 수 있어 조화를 이루며 살아갈 수 있는가를 판단해 보고, 부귀빈천요수富貴貧賤夭壽, 즉 부유하거나, 높은 지위를 얻거나, 가난하거나, 천하거나, 요절하거나, 장수하거나 등을 판단하는 것을 말한다고 하겠습니다.

더 나아가서는 서로의 본심本心과 성관계(Sex)까지도 원만한가 불편한가까지도 판단하는 것이라고 하겠습니다. 속궁합의 내용이 이러하니 겉 궁합보다 상세한 것을 알아 볼 수 있다고 할 것입니다. 이 속 궁합을 알아보는 방법에는 여러 가지가 있겠으나, 저자의 경험으로는 음양오행의 학문인 사주명리학으로 서로의 속 궁합을 맞추어 보는 것이 가장 적중률이 높다고 판단해 봅니다.

여기서 사주명리학으로 궁합을 판단하는 법을 모두 설명 드리기란 대단히 어렵습니다만,

간단한 예를 들어보면,

■ 남자 사주

시주	일주	월주	년주	사주 / 비고
병丙	계癸	병丙	갑甲	천간
진辰	유酉	인寅	자子	지지

성 격 : 사주내용 - 계수가 인월 초기생으로 갑목투간하여 상관격을 이루고 년일시지에 근기를 얻고 있으며, 오행이 주류하였으므로 원만한 인격의 소유자이면서 다른 사람들에게 베풀고자 하는 봉사의 마음을 간직한 외유내강의 성실한 사람입니다. 다만 다언多言, 즉 말을 많이 하여 가끔 말로인하여 구설수에 오르기도 하는 성향을 보인다고 하겠습니다.

사회성 : 다른 사람과 융화를 잘하여 주위 사람들로부터 사회성이 좋다는 평가를 받을 수 있는 사람이며, 일가친척에게도 관심을 가져주는 사람이므로 모든 이들에게 환영받는 스타일이라 하겠습니다. 외유내강의 성격이므로 사회생활에 있

어서 우두머리 역할을 할 수 있는 능력을 충분히 갖춘 사람이기도 합니다.

직 업 : 본디 재주가 너무 많아 노는 곳에서도 빠지지 않는 만능 엔터테이너이므로 자유직업, 즉 자신의 끼를 충분히 발휘할 수 있는 프리랜서가 좋은데, 연예인, 언론인, 예술가, 금융관계의 프리랜서 등이 어울리는 사람입니다.

빈 부 : 중화를 이룬 사주이며, 재성이 유기하니 재력가로서 남부럽지 않은 부를 축적하고 살아가는 사람입니다. 즉 타고난 돈복이 있는 사람입니다.

귀 천 : 관성이 허약하니 부를 축적하는 것으로 만족하며 살아가야 하며, 만일 고관대작을 꿈꾸다가는 패가하는 경우가 있을 터이니 부자로 사는 것에 만족한다면 순탄한 삶이 될 것입니다.

요 수 : 오행이 주류된 사주이므로 큰 병치레 없이 건강한 삶을 살며 장수할 수 있다고 할 것입니다. 다만 위장이 약하니 과음 과식을 주의 하여야 할 것입니다.

성관계 : 평소에는 성관계를 자제하고 수동적인 자세로 점잖은 편이지만, 한 번 사랑을 나누었다하면 사흘 밤낮을 사랑에 빠지는 적극적 스타일로 돌변하므로 이성간의 관계에 있어서 겉 다르고 속 다른 성관계를 하는 사람입니다. 여자가 먼저 리드하여 성관계를 하는 스타일 입니다.

■ 여자 사주

시주	일주	월주	년주	사주 \ 비고
정丁	무戊	기己	갑甲	천간
사巳	오午	사巳	자子	지지

성 격 : 무토가 사월 맹하 정기생으로 편인격을 이루나 인성이 과다하여 사주가 편굴 조열하게 되니 고집이 세며, 자신의 주장을 꺾으려 하지 않는 불굴에 의지의 소유자입니다. 무슨 일이든 자기 자신이 남보다 앞서 나가야 직성이 풀리므로 다른 사람에게 따돌림을 당 할 수도 있는 성격인 것입니다. 또한 남자 알기를 우습게 알므로 남자들의 접근이 쉽지 않습니다. 그리고 예절은 철저히 지키려하는 성향이므로 자신이 남에게 보인 예절에 대하여 보상 받고자하는 심리가 있는 사람입니다.

사회성 : 자신에게 주어진 일은 어떠한 어려움이 따르더라도 임무를 완수하는 스타일이므로 그 능력을 높이 평가 받을 수 있는 사람입니다. 다만 대인관계에 있어서 편협할 수 있으니 주의를 요합니다.

직 업 : 불굴에 의지와 인내를 바탕으로 하는 직업이면 좋은데, 학자, 교육자, 종교인 등이 어울리는 사람입니다.

빈 부 : 본디 타고나기를 돈버는 재주 보다는 정신적 이상향을 꿈
꾸는 사람이므로 금전적으로 어려움이 따른다고 하겠습니
다. 다만 좋은 운을 만났을 때에는 일시적으로 큰 재물을
만질 수 있으나 금전 관리에 귀가 얇고 서투르므로 다시
큰 재물을 허비할 수 있으니 주의를 요합니다.

귀 천 : 금전적으로 어려움은 따르나 자존심 하나로 다른 사람 위
에 군림하려는 성향이므로 항상 공직에 대한 꿈을 버리지
않습니다. 부자로 사는 것 보다는 비록 가난하더라도 사람
의 도리를 다하고자 노력하므로 고관대작은 되기 어려우나
귀한 사람으로 기억되고자 합니다.

요 수 : 사주의 오행이 한 쪽으로 치우쳐 몸의 균형적인 면에서 바
람직하지 못하므로 단명할 우려가 있습니다. 물론 신강, 즉
강한 사주이므로 평소 건강을 자신한다할 수 있겠으나 한
번 병마가 찾아오면 병이 깊어지게 되므로 목숨도 위태로
울 수 있는 사주를 가지고 태어났다고 할 것입니다.

건 강 : 사주에 화토의 기가 편굴하여 위장계통이 왕성한 작용을
하므로 신장이나 방광 생식기 계통에 지장을 초래할 수 있
고, 위장이 튼튼하다보니 식탐이 강하여 오히려 과식하는
습관으로 위에 부담을 주어 위를 해칠 수 있습니다. 항상
소식하는 습관을 가져야 건강을 유지할 것입니다.

성관계 : 소위 말하는 '뜨거운 여자'의 팔자를 가지고 태어났으므로

하루라도 성관계를 하지 않으면 허전하고 속에서 천불이 나므로 색녀가 될 수 있는 소지가 다분합니다. 결혼하여 남편이 있다하여도 주체할 수 없는 성적인 충동이 끊이질 않아 몸과 마음의 고통을 안고 살아가야 하는 팔자입니다. 이는 다분히 내면적인 것이므로 겉으로는 잘 드러나지 않고 자신만 알고 있을 뿐입니다.

속 궁합총평

두 사람의 성향이 극과 극을 달린다 해도 과언이 아닌 궁합입니다. 남자의 유순하면서도 사회적인 성격과 여자의 고집스런 성격이 조화를 이루기 어려운 점이 눈에 띠는 대목입니다. 결혼이라는 것은, 서로가 성격이 비슷하면 각기 다른 환경에서 자라나왔다 하여도 쉽게 서로를 이해할 수 있게 되므로 다툼이나 생활에 문제가 발생하여도 그냥 눈빛만 보아도 이해와 포용을 하게 되므로 어려움을 쉽게 극복할 수 있는 것입니다.

그러나 상기의 두 사람은 성격이 너무 다르기 때문에 항상 다툼과 반목의 위험이 도사리고 있는 것입니다. 건강, 성관계 등을 비교해 보아도 너무도 다른 성향이라 그리 좋은 궁합은 아니라고 판단합니다.

처음 만나 동물적인 감정이 앞서 결혼을 하더라도 이별을 하기 쉬운 커플인 것입니다. 물론 대운이 호운을 만나면 이별의 가능성이 어느 정도 줄어들 것입니다.

속 궁합이라는 측면에서 간단한 예를 들어 설명하였습니다.

이렇듯 속 궁합은 겉 궁합보다 상세한 내용을 알아 볼 수 있다고 할 것입니다.

또 한편으론 궁합을 맞추는, 즉 남녀가 만나서 성교하는 가운데 잡귀가 침범한다는 옛 말이 있어, 궁합을 주술적 의미呪術的 意味로 생각해 볼 수가 있겠는데, 남녀 서로의 음양오행이 조화를 이루지 못하면 합궁하는데 있어서 잡귀가 침범하여 가정이나 가문이 몰락한다는 속설도 있었다고 합니다.

이러한 내용은 불교의 윤회설에서도 찾아 볼 수가 있는데, 남녀가 성교 시 정자와 난자가 만나는 순간에 이를 지켜보고 있던 영혼이 자궁에 안착하여 사람으로 태어난다고 합니다. 그러니 누가 가르쳐 주지는 않았지만 우리들 마음속에는 궁합이 반드시 맞아야 한다는 압박감을 가지고 있다 해도 과언은 아닐 것입니다.

암암리에 궁합의 중요성을 강조하지 않을 수 없는 것이 이러한 이유일 수도 있겠구나하는 생각을 해 봅니다.

3) 결혼이 적령기

 궁합의 뜻을 알아보기 전에 남자와 여자의 성장과정을 알아 볼 필요가 있을 듯합니다. 왜냐하면 남녀 서로의 성장과정을 알아야 상대의 결혼 적령기 등 육체적 정신적 상태를 가늠하여 좋은 상대자를 만나는 기준을 정할 수 있으니까요.

 '황제내경皇帝內徑소문素問'에서 말하는 사람이 성장하고 활동하고 죽기까지의 과정을 요약하여 보면 옆의 표와 같습니다. 옛 현인들의 사람의 성숙 퇴화 과정 판단법을 살펴서 요즘 사는 세대와 비교하여 보시면 재미있을 것 같습니다.

여자는,	남자는,
7×1=7	8×1=8
7×2=14	8×2=16
7×3=21	8×3=24
7×4=28	8×4=32
7×5=35	8×5=40
7×6=42	8×6=48
7×7=49	8×7=56
	8×8=64

 여자는 7로 시작하여 7의 배수로 마무리가 되고, 남자는 8로 시작하여 8의 배수로 마무리가 되는데 이를 '율律'한다고 합니다. 이 숫자에는 중요한 의미가 있습니다.
 7이라는 숫자는 우주만물을 생성하는 용수用數로써 만물을 탄생하게

여자		남자	
나이	내용	나이	내용
7세	신장腎臟의 원기가 충만해지며 치아가 단단해지고 머리카락이 어른처럼 변하여 길게 자란다.	8세	신장腎臟의 원기가 충만하여지며 치아가 단단하여지고 머리카락이 어른처럼 변화여 길게 자란다.
14세	천계天癸, 즉 성호르몬이 차오르게 되어 약 한달 간격으로 월경을 하게 되니 자식을 낳을 수 있는 몸이 된다.	16세	성호르몬이 극에 달하여 정기가 넘치고 음양이 서로 조화를 이루니 자식을 낳게 할 수 있게 된다.
21세	마지막 어금니(요즘으로 말하면 사랑니)가 생기게 되며 성장이 극에 달하는 시기가 된다.	24세	생식기가 완전한 형태를 갖추며 근골이 굳어지며 마지막 어금니(요즘으로 말하면 사랑니)가 생기게 되며 성장이 극에 달하는 시기가 된다.
28세	근육과 골격이 굳어지고 머리카락의 자라남이 극에 달하여 일생동안의 자라는 평균속도보다 가장 빨리 자라며, 신체가 완전히 성숙하게 된다.	32세	근육이 풍성해지고 피부가 윤택해지며 뼈가 단단해 지니 성인 형태를 갖추어 완전히 성장 하게 된다.
35세	양명맥陽明脈, 즉 소화 및 흡수를 관장하는 기능이 쇠하여져서 얼굴에 윤기가 사라져서 푸석해지고 머리카락이 눈에 띄게 빠지기 시작한다.	40세	신장腎臟의 원기가 쇠하여져서 머리카락이 빠지고 치아가 약해지게 된다.
42세	삼양맥三陽脈, 즉 순환 및 호흡기능을 관장하는 상초, 소화 및 대사기능을 관장하는 중초, 배설 및 생식기능을 관장하는 하초의 기능이 얼굴 부위에서부터 서서히 쇠하여지게 되므로 한번 진 주름은 좀처럼 없어지지 않게 되며 머리카락도 하나 둘씩 희게 된다.	48세	양기陽氣가 위로부터 쇠하여져서 얼굴이 푸석해지며 한번 진 주름은 좀처럼 없어지지 않게 되고, 머리카락이 희어지기 시작한다.
49세	여성의 생식기 부위인 회음부에서 시작되는 임맥任脈이 쇠해지고, 생리와 관계있는 태충맥太衝脈이 쇠하여 생리가 끊기게 되니 늙는 게 눈에 띄고 자식을 갖기 어렵게 된다.	56세	근육의 생장을 주관하는 간기肝氣가 약해져서 근육이 활발한 움직임을 하기가 어렵게 된다.
		64세	머리카락이 눈에 띄게 많이 빠지고, 성호르몬이 고갈되어 자식 낳기가 어려워진다.

※그러나 여기에서 말하는 육체의 변화 과정을 극복하는 방법을 제시하고 있는데, 남자나 여자나 육체적 정신적 수도修道를 하면 노쇠한 연령이더라도 능히 자식을 둘 수 있다고 충고하고 있습니다. 수도修道라고 하면, 운동을 한다든지 정신 수양을 한다든지 하는 등의 육체적 정신적 사회적인 건강 활동을 말합니다. 한마디로 종교적 삶을 살라는 말과도 통한다 하겠습니다.

하고 기르는 역할을 하는 숫자로 보시면 됩니다. 예를 들어 여성이 아이를 낳을 수 있는 조건이 되는 생리 주기가 약 한달, 물론 개인적인 차이는 있겠지만 좀 더 정확히 말한다면 28일이 되는데, 이 28이라는 숫자는 여자의 숫자인 7의 4배에 해당하여 7×4=28일이 되는 것입니다.

8이라는 숫자는 음양의 이치를 담은 8괘를 말하며 8괘가 배수로 작용하여 64괘가 되는데, 이 64괘는 남자들이 바깥일을 도모하는데 있어서 항상 조심하고 근심하며 두려운 마음으로 세상을 헤쳐 나가야 하는 당위성과 몸을 보존할 수 있다는 음양의 원리로써의 작용을 배우게 하는 숫자입니다.

여기에서 탄생한 것이 '주역周易'이라는 것입니다. 주역의 핵심사상 역시 세상을 살아나가는데 있어서 근심과, 걱정, 두려움을 가지라는 인생의 지침서입니다.

여담으로, '거참 88(팔팔)하다'라는 말을 써야 할 상대는 8×8=64세의 노인이 노익장을 과시할 때 써야 할 말인 것입니다.

'이팔청춘이네' 하는 말은 8×2=16세의 건강한 사내를 말하는 것이겠지요.

'77(칠칠)치 못하다'라는 말은 나이에 비하여 점잖지 못하고 조신하지 못함을 말하는 것으로, 여자나이 7×7=49세가 넘어도 품위가 없다는 말로 사용되는 말일 것입니다.

근본적으로 여자는 아이를 기르고 남자는 바깥일을 하여 가족을 부양하는 것은 예나 지금이나 마찬가지인데, 시대가 변하여 여성의 활동이 많아지므로 해서 황제내경에 예시된 내용과 다른 결과를 보고 있으니, 궁합의 제일 조건인 육체적 성숙정도가 바뀌어가고 있는 것도 사실일 것입니다. 예를 들면, 여자의 결혼 적령기는 육체적으로 완숙단계가 이루어지기 시작하는 21세부터 28세까지이고, 남자는 24세부터 32세까지인데, 이러한 나이의 기준시점에 결혼을 하게 되면 궁합이 좋지 않더라도 혈기가 왕성하여 결혼 생활의 장애를 극복할 수 있는 확률이 대단히 높아진다고 보아도 무방할 것입니다. 그러나 요즘은 결혼 적령기의 나이에 구애 받지 않고 있으니 이혼율이 그만큼 높아지는 것이 아닌가하는 우려와 격세지감을 실감케 한다고 하겠습니다.

  사실상 결혼이라는 것이 남녀 두 사람만의 사랑을 나누고자 하는 것은 아니고, 사랑의 결과인 아이를 출산하여 종족을 보존하는 것이 최고의 목적인데, 건강하고 똑똑한 아이를 얻기 위해서는 아무리 시대가 변했다 하더라도 황제내경에서 말하는 결혼 적령기에 아이를 출산하는 것이 바람직하다고 봅니다.

  2세인 아이는 부모의 세상에서 가장 소중한 보물입니다.

  여담으로 '결혼結婚'의 한자를 풀어보면,
結 = 絲 실 사 + 吉 혼인할 길,
婚 = 女 계집 녀 + 昏 저녁 혼 = 女 계집 녀 + 氏 씨앗 씨 + 日 날 일이니,
  '혼인의 약속을 끊어질 수 있는 실로 하고, 여자는 어둑한 저녁에 남자의 씨를 받는 날이 된다.' 라고 할 수 있겠지요?

  다시 말하면 결혼이라는 약속이 언제든지 실처럼 끊어질 가능성이 내포되어 있고, 여자가 남자의 씨를 받는 행위를 감내해야 하는 날이라고 하겠는데, 이렇게 볼 때 결혼이라는 것이 여자에게 있어서 대단히 위험하면서도 모험이 따르는 행복의 약속이 보장되지 않은 그런 행사라고 보아도 틀린 말은 아닐 것입니다. 그래서 그 위험성의 보완책으로 이혼에 대한 법률이 생겨났나 봅니다.

  부부는 전생의 원수끼리 만난다고들 합니다. '결혼結婚'의 한자 뜻이

이러한데 전생이고 뭐고 원수가 안 될 수 있을까요? 서로 원수가 안 되는 것이 더 이상하겠지요? 남자는 공격적이고 여자는 방어적인 음양의 원리가 여기에도 적용 되는가 봅니다.

    궁합이 맞는 배우자를 찾기 보다는, 우선적으로 결혼의 의미와 결혼생활을 하는데 있어서의 어려움 등을 살펴서 이를 대비하는 마음과 현실의 준비성을 갖추는 것이 무엇보다 중요하다고 봅니다만, 독자 여러분들은 어찌 생각하시는지요.
    아무리 좋은 궁합을 가진 배우자를 만났다하여도 현실을 똑바로 보지 않고 궁합만 믿고 무작정 결혼을 한다면 반드시 어려움을 겪을 것이고, 결국은 파경을 맞이하게 될 것입니다.
    요즘에는 좋은 약이나 물리적 운동의 생활화 등 건강이나 장수, 강정에 필요한 여러 가지 방법들이 행해지고 있어 위에 말한 황제내경의 육체 생장 쇠퇴 과정이 무색할 정도가 된 것이 현실이라 할 것입니다.
    그렇다하여도 인간의 근본 원칙은 변하지 않는 법이니 옛 성현의 말씀을 따른다면 결코 해가 될 일은 없을 것입니다.

결혼 적령기에 결혼을 하게 되면

궁합이 나쁘더라도

장애를 극복할 확률이 대단히 높아집니다.

결혼이라는 것은 여자에게 있어서

대단히 위험하면서도 모험이 따르는

행복의 약속이 보장되지 않은 그런 행사입니다.

※ 황제내경皇帝內徑 : 중국에 현존하는 의학이론서 중 가장 오래된 책. 〈내경內經〉이라고도 한다. 황제에 빗대어 작은 우주인 인간의 육체를 논한 자연철학적 이론 의서의 총칭이다.
중국 고대 전설상의 인물인 황제와 그의 신하인 기백의 의술에 관한 토론을 기록한 것이라고 하나 전국시대에 활약하던 음양가陰陽家의 논리에 맞춰 예전부터 전승되던 것을 모아 엮은 책으로 보인다. 책이 만들어진 시기는 대략 **춘추전국시대 중 제왕기**(BC 770~221)로 추정되며 후대인들에 의해서 계속 증보되었다.
이 책은 **소문素問과 영추靈樞** 두 부분으로 나뉘며 각각 9권 162편으로 구성되어 있다. 내용은 전설상의 제왕 황제와 기백岐伯·뇌공雷公 등이 의학문제를 대화로 나누는 형식으로 짜여있다.
소문은 음양오행설을 토대로 장부臟腑·경락經絡·병기病機·진법診法·치칙治則·침구針灸·방약方藥 등의 각 분야 및 인체생리·병리·진단·치료에 대해 계통적으로 논술하여 중국 의학이론의 기초를 형성했다. 영추는 경락·침구 분야에서 쓰이는 물리요법을 상세히 서술하여 침경針經이라고도 부른다.

2. 사례별로 본 궁합 엿보기

부부라는 것이 서로 좋아하는 남녀의 만남인데, 누구나 알콩달콩 단란한 가정을 꿈꾸고 부귀영화를 누리며 남부럽지 않게 잘 살려고 하는 마음이라 할 것입니다.

그런데 하루아침에 파경을 맞아 서로 원수가 되는 가정이 적지 않은 것이 사실입니다.

신혼 첫날밤을 못 님기고 사소한 다툼이 불씨가 되어 헤어지는 경우도 있고, 결혼 후 1~2년을 싸우다가 도저히 못살겠다고 헤어지는 경우가 있는가 하면, 남편의 외도나 부인의 외도가 원인이 되어 헤어지는 경우라든가, 성격이 맞질 않아 헤어지는 경우, 시댁이나 친정 식구들로 인하여 헤어지는 경우, 그 외에도 무수히 많은 사연들로 인하여 헤어지는 경우를 봅니다.

요즘에는 자신이 하고자하는 일을, 즉 자신의 이상을 실현하기 위하여 헤어지는 부부들도 있고, 경제적으로 부도가 나서 위장 이혼을 하는 경우도 종종 볼 수 있습니다.

어쨌거나 헤어지는 것은 헤어지는 것이니, 이러한 것이 과연 운명적으로 가능한 일인가, 과연 궁합의 작용이 실재하고 있는가가 궁금한 것입니다.

그런데 이혼의 가장 근본적인 것이, 황금만능주의 시대를 살아가노라면 돈의 위력으로 인하여 이혼하는 경우가 대부분이라는 것을 부정할 수는 없을 것입니다.

그만큼 돈의 위력이란 이혼에 있어서 대단한 비중을 차지하는 것입니다. 본인의 상담 경험상 결국 돈 없는 사람이 이혼도 많이 하는구나 하는 씁쓸한 생각을 해 봅니다.

공교롭게도 사주팔자에 이별수가 들어 있는 사람이 돈벌이도 시원찮은 것은 우연치고는 슬픈 우연이지 뭡니까. 하긴 요즘에는 돈만 있으면 이혼을 해도 걱정을 안 하고 오히려 잘됐다 싶어 하는 사람들이 비일비재하니 시대의 흐름 탓만을 하기에는 너무 비인간적이지 않나 하는 생각을 해 봅니다.

돈 보기를 돌처럼 보는 부부라 하여도 좋지 않은 감정이 지속되다 보면 돈 떨어져서 생활고에 시달리다보면 그 쌓였던 감정은 자연스레 폭발하는 법이니 어찌 이 세상을 살아가며 돈타령을 하지 않을 수 있으리오.

물론, 성격상의 불협화음, 좋지 않은 습관, 배우자의 부정한 외도 등으로 인한 이혼은 그나마 인간적인 측면에서의 수긍을 하지만 말입니다.

세상에서 독수리의 시력이 제일 뛰어나다고 합니다. 그러나 사람도 자신이 보고자 하는 것은 어떠한 환경에서도 예리하게 관찰할 수 있는 타고난 능력이 있으므로, 부부지간에 사소한 것이라도 상대방에게 관심을 갖고 있다면 눈에 잘 띄게 되는 것이니, 부부지간에는 사소한 말한 마디, 행동 하나하나를 주의하지 않으면 오해를 불러오기 십상이요,

그 오해가 켜켜이 쌓이다보면 종국에는 파경을 맞이하는 것입니다.

　어쨌든, 현실에 있어서 돈이 중요한 것을 부정할 수 없는 노릇이며, 타고난 사주팔자에서도 이러한 것들을 발견할 수 있고, 서로의 음양오행이 조화를 이루지 못하면 결국 어려움에 봉착하리라는 것이 본인의 지론입니다.

　이러한 내용의 이야기들을 실제 상담한 사주팔자를 중심으로 알기 쉽게 각색하였습니다.

1) 성격차이로 이혼한 궁합 - ①

아지랑이가 피어오르는 어느 이른 봄 날 이었습니다.

사무실을 찾아온 사람은 아담한 체구에 여염집 아낙의 모습을 한 30대 중반의 여인이었습니다.

앉는 모습조차 다소곳하여 그래도 교양 있는 집안의 여인이구나 하는 생각을 하였지요.

사주를 물어 감명을 해보니,

남편 사주 - 건명乾命

시주	일주	월주	년주	사주 / 비고
을乙	무戊	임壬	병丙	천간
묘卯	신申	진辰	오午	지지

부인 사주 - 곤명坤命

시주	일주	월주	년주	사주 / 비고
기己	기己	계癸	임壬	천간
사巳	유酉	축丑	자子	지지

'흠… 먼저 겉 궁합이 남편은 병오생이요, 부인은 임자생이라.

사주를 보아하니 태세 천간이 병임충이요, 지지가 자오충으로 이미 충돌현상이 일어나고 있고, 남편 사주의 년주 병오는 천하수天河水요, 부인 사주의 년주 임자는 상자목桑柘木이니, 남수여목男水女木이라. 이는 교변위룡鮫變爲龍하여 도롱뇽이 변하여 용이 된 격이니 재산이 늘고 부귀공명을 얻어 잘 살 수 있는 궁합이요, 수생목하여 상생이 되니 길한 궁합 같으나, 천하수는 하늘의 은하수요, 싱자목은 산꼭대기 홀로 서 있는 뽕나무라.

하늘에 보이는 은하수가 땅의 물처럼 보일 뿐이지 산꼭대기 뽕나무에 물을 줄 수는 없는 노릇이다 보니, 겉보기는 좋아도 서로 도움이 되질 못하는 겉 궁합입니다.

속궁합을 말하자면, 남편은 직장은 착실히 잘 다니나, 여자에 대하여 약한 모습을 보이고 마음씨가 여려서 무엇 하나 똑 부러지게 결단력을 발휘 못하니 부인의 입장에서는 매사가 답답한 노릇이고, 부인은 오지랖이 넓다보니 동네 이곳저곳 참견하지 않는 곳이 없고, 일가친척을 돌보아야 하는 무대포의 의리파라. 남편 알기를 뭣처럼 아니 아무리 심약한 남편이라도 그 꼴을 보겠소? 두 분은 이혼할 수요.' 하니,

그 부인은 눈물을 흘리며, '네, 맞습니다.' 라고 대답하고 난 후, '사실 그런 점이 답답해 견디기 힘들어 제가 먼저 이혼하자고 그랬습니다.' 라고 말하는 것이었습니다.

그래서 나는, '참으로 안타깝습니다. 그러나 어쩌겠습니까. 운명적으로 이혼할 수 있는 궁합이니… 사실 부인은 사주에 남자가 없습니다. 그 말인 즉, 남자는 많아도 진정으로 내 남자가 없다는 말이지요. 엎질러진 물을 어찌할 수 없으니 마음을 추스르시고 자식들을 훌륭하게 키우셔서 보람을 찾으시기 바랍니다.' 나 자신도 못내 가슴이 아팠습니다.

한참 동안 소리 없는 눈물을 흘리며 앉아 있더니 결심한 듯 눈물을 닦던 카키색 꽃무늬 손수건을 꼭 쥐고 일어나 총총 걸음으로 멀어져 갔습니다.

2) 성격차이로 이혼한 궁합 - ②

　그날따라 겨울바람이 어찌나 매섭던지 약속했던 바깥 외출도 하지 않고 사무실을 지키고 있었습니다.
　누군가 사무실문을 두드리기에, '들어오세요.' 하니,
　앳돼 보이는 젊은 처자가 들어왔습니다. 그녀의 표정은 약간 상기된 듯하면서도 어두운 그림자가 드리워져 있었습니다.
　상相을 보아하니 여염집 아가씨는 아닌 듯하고 옷매무새를 보아하니 화류계에 몸담는 여성인 듯 보였습니다.
　그녀는 퉁명스럽게, '궁합 보러 왔어요.' 하고는 나를 주시하고 앉았습니다.
　나는 그런가보다 하고 사주를 물어 감명을 해보니,

남편 사주 - 건명乾命

시주	일주	월주	년주	사주 / 비고
임壬	신申	경庚	무戊	천간
진辰	유酉	신申	신申	지지

부인 사주 - 곤명坤命

시주	일주	월주	년주	사주 / 비고
을乙	무戊	을乙	갑甲	천간
묘卯	인寅	해亥	인寅	지지

"겉 궁합이 남편은 무신생이요, 부인은 갑인생이라.

사주를 보아하니 태세 천간이 갑목극무토甲木剋戊土로 서로 상극이요, 태세 지지는 인신충으로 충돌이 있고, 남편 사주의 년주 무신은 대역토大驛土요, 부인 사주의 년주 갑인은 대계수大溪水이니 남토여수男土女水로 역시 상극이라. 이는 음주비가飮酒悲歌격이니 술을 마시며 슬픈 노래를 부르는 형국이요, 재산이 흩어지고 자손이 분리되어 종국에는 부부 이별수라.

또한 대역토는 넓은 광장의 흙이요, 대계수는 큰 계곡의 물이 되니, 큰 계곡의 물을 흙으로 막는 격이니 부부간에 하는 일이 순조롭지 못하고, 순조롭다 싶으면 반드시 고비가 찾아와 결과를 얻기 힘든 궁합입니다. 더구나 대역토는 나무木를 만나지 못하면 평생을 그르친다하였거늘….

속궁합은 남편은 너무 고집이 세 그 누구의 말도 듣지 않고, 부인을 쥐 잡듯, 종 부리듯 할 것이고, 부인은 그에 맞서 한발의 양보도 없으니 허구 헌 날 싸우는 소리가 문밖을 넘어 갈 것입니다. 겉궁합에서처럼 부인은 음주가무로 그 상처받은 마음을 달래는 형국입니다." 하니,

부인은 눈물을 펑펑 흘리면서, "도대체 저는 왜 그런 팔자를 타고 났어요." 하며 차라리 혼자 살 것을 왜 결혼을 했는지 이 남자와 결혼한 것을 뼈저리게 후회한다고 하였습니다.

나는 그 부인에게 차를 대접하고 차분한 마음이 들 때까지 위로의 말을 아끼지 않았습니다.

그 후 보름이 지났을까, 초연한 모습으로 사무실에 다시 찾아온 그녀는 '저 이혼했어요. 그리고 ○○카페에 나가고 있으니 놀러오세요.'라는 말을 남기고 돌아갔습니다.

그 후 제가 그 카페에 갔을까요?

3) 성격차이로 이혼한 궁합 - ③

그 날은 늦가을 바람이 스산히 불고 금방이라도 눈발이 날릴 것 같은 날씨였는데, 사무실 문을 박차고 들어온 사람은 남자답게(?) 생긴 50대 중반으로 보이는 여인이었습니다. 눈이 부리부리한 게 열 남자도 한 손에 쥐고 흔들만한 기개가 엿보였습니다.

나는 혼자 생각에 '흠… 이 여자한테 잘못 걸리면 뼈도 못 추리겠군…' 하고 잠시 정적이 흐른 뒤, 내가 먼저 말을 꺼냈습니다.

"오늘 바람도 차갑고 날씨가 영~ 그러네요. 허허헛."

내가 멋쩍은 듯이 웃으니, 그 여인이, '그러네요, 마음도 그렇고…' 라고 하며, 가지고 온 가방에서 종이 한 장을 꺼냈습니다.

그 종이에는 언뜻 보아도 십여 명이 넘어 보이는 여러 사람들의 생년월일이 적혀 있었습니다.

'에고, 저 많은 사람들을 보려면 시간 좀 걸리겠는데…' 하고 생각하는데, 그 여인은 다짜고짜 '사주를 여러사람 보러왔는데, 오늘은 우리 서방님하고 제 궁합이나 봐주세요.' 하는 것이었습니다.

나는 속으로 안도의 한 숨을 쉬고 사주를 물어 감명을 해보니,

남편 사주 - 건명乾命

시주	일주	월주	년주	사주 \ 비고
을乙	정丁	무戊	기己	천간
사巳	축丑	진辰	축丑	지지

부인 사주 - 곤명坤命

시주	일주	월주	년주	사주 / 비고
을乙	계癸	신辛	신辛	천간
묘卯	해亥	축丑	묘卯	지지

'겉 궁합이 남편은 기축생이요, 부인은 신묘생이라.

사주를 보아하니 태세 천간이 남편은 토생금하고, 태세 지지가 목극토하니 빛 좋은 개살구라. 겉으로는 남 보기는 좋아도 속으로 곪아 터지는 형국입니다.

남편 사주의 년주 기축은 벽력화霹靂火요, 부인 사주의 년주 신묘는 송백목松柏木이니 남화여목男火女木으로 서로 상생이라. 조변성학鳥變成鶴으로 새가 변하여 학이 되는 격으로 길하다 하겠으나, 벽력화는 하늘의 청천벽력의 천둥번개이니 득수得水, 즉 물을 만나야 천둥 번개 뒤에 비가 내리는 것처럼 서로 잘 어울려 복록을 누릴 수 있는 법이고, 송백화는 소나무나 잣나무이니 지하수나 비를 만나야 상생하는 법이니, 일단은 겉 궁합이 좋지 않아 부부이별수요, 파산하는 형국입니다.

그리고 외람된 말씀이오나 속궁합은 남편 분은 상관성 기질이 왕성하여 한량이시고, 여사님께서는 고집불통이시니 두 분이 어찌 백년해로 하신다는 보장이 있겠습니까. 헤어지셔도 벌써 헤어지셨을 겁니다.'
하니,

그 여인은 호탕하게 껄껄껄 웃더니만, "잘 보셨어요. 30대 초반에 성격이 안 맞아 이혼했네요. 저도 내일 모레면 환갑인데 언제쯤 돈 많고 쿵짝이 맞는 영감쟁이 하나 안 걸릴까요?" 하는 것이었습니다.

그래서 나는, "저도 돈 많고 명 짧은 여자 만나 팔자 좀 펴 보려고 하는데 그게 마음대로 안 되네요. 헛헛헛~" 농弄으로 맞장구를 쳤지요.

그 후로 이 여인은 나의 단골손님이 되어 하찮은 대소사라도 있으면 사무실 문지방이 닳도록 넘나들고 있습니다.

4) 성관계 불만으로 이혼한 궁합

　봄바람이 살랑살랑 부는 것이 처녀 총각 뿐 아니라 환갑 넘으신 어르신들도 춘몽春夢에 빠질 만한 어느 봄날이었습니다.
　사무실 문을 살며시 열고 들어 온 사람은 추리닝 바람에 한 쪽 눈에 안대를 하고 온 30대 중반의 예쁘장한 여인 이였습니다.
　여인은 다짜고짜, '선생님, 궁합 좀 봐주세요.' 하며 자리에 앉았습니다.
　나는, '눈이 좀 불편하신가 봅니다.' 하였더니, 그 여인은, '아니예요, 궁합이나 봐주세요.' 하는 것 이였습니다.
　사주를 물으니,

남편 사주 - 건명乾命

시주	일주	월주	년주	사주 / 비고
을乙	계癸	을乙	신辛	천간
묘卯	축丑	미未	축丑	지지

부인 사주 - 곤명坤命

시주	일주	월주	년주	사주 / 비고
병丙	무戊	경庚	기己	천간
진辰	오午	오午	유酉	지지

"겉 궁합이 남편은 신축생이요, 부인은 기유생이라.

사주를 보아하니 태세 천간 지지가 모두 토생금으로 상존하는데, 남편은 벽상토壁上土요, 부인은 대역토大驛土로 남토여토男土女土라, 개화만지開花滿枝로 가지마다 꽃이 핀 격으로 좋을 듯하나, 벽상토는 바람벽위에 발라진 적은 양의 진흙을 말하고, 대역토는 넓은 광장의 많은 양의 흙이니 부인이 남편을 쥐고 흔드는 형국이 되겠군요.

비록 겉 궁합은 좋다하나 부인이 남편 보다 센 기운을 가졌으니 남편이 기를 못 쓰겠네요. 여기서 기氣라 함은 성격도 될 것이고, 성적인 것도 포함이 되겠습니다.

속 궁합역시 남편은 극설교가剋洩交加가 된 사주라 약하기 짝이 없고, 부인은 아주 왕성한 사주를 가졌으니 남편이 기를 못 쓰는 것은 당연하지요. 그래도 명색이 남편이자 남자인데 부인이 아무리 세다고 하여도 잘 꺾이려 하지 않고 반발을 하는 형국이니 두 분이 많이 다투시겠습니다 그려.

성적인 것도 부인이 무오일주라 뜨거운 성욕이 대단히 강하여 부부관계에 만족하고 살지를 못하실 것이니, 부인이 남편에게 요구를 한다 하여도 남편이 성적으로 당해 내지를 못하는 형국입니다. 그렇지요?"
하니,

부인은 눈에 하고 있던 안대를 살짝 들어 시퍼렇게 된 눈언저리를 보이면서, "보세요, 그 인간이 제가 너무 요구한다고 탁상시계를 집어 던졌어욧!"하며 그 당시 상황을 상상하는지 치를 떨었습니다.

그리고 부인은 말을 이어갔습니다.

"사실 저는 너무 뜨거운 여자인가 봐요, 하루라도 남편과 합방을 하지 않으면 잠을 이룰 수도 없고 세상만사가 다 귀찮아요. 어떤 사람은 저를 보고 성 중독증이라고 하기도 하고, 미친년이라고 하기도 해요.

흑흑흑…"하며 눈물을 흘리며 말을 이어갔습니다.

"근데 어쩔 수가 없어요. 도저히 제 자신을 어찌할 수가 없어 결국… 차라리 이렇게 살 바에야 내 맘껏 살아 보겠다고 얼마 전 남편과 이혼 해야겠다고 말했어요. 그랬더니 남편도 너 같은 년하고는 도저히 못살 겠으니 당장 이혼하자고 하더군요. 그 후 얼마 전부터 남편 몰래 아는 언니가 하는 작은 카페에 나가는데, 그곳에서 만나는 남자 손님들과 가끔 2차를 나가고 있는데, 물론 제 자신에게 죄의식은 들어도 만족할 수 있어서 행복감을 느끼고 있어요."

나는 더 이상 할말이 없어, "그럼 그렇게 사세요. 타고난 팔자를 어 쩌겠습니까. 그러나 그런 것은 한때이니 미래를 잘 설계하셔서 차후에 는 보람된 일을 하기기 바랍니다."라고 하였습니다.

그 여인이 지금은 어찌 살고 있는지….

오늘도 봄바람은 불고 있지만 그 날을 생각하면 마음이 착잡합니다.

5) 돈 문제로 이혼한 궁합

비가 추적추적 내리는 늦가을이었습니다.

날씨가 을씨년스러운지라 한 잔 술로 화기和氣를 북돋고 있는데, 인물이 훤한 50대 중반의 여인이 찾아왔습니다.

부인은 한 가지 상의 드릴 일이 있어 찾아왔다며, 남편과 이혼을 하려고 하는데 어떻겠냐는 것이었습니다. 나는 먹던 술상을 물리고 궁합을 물어보니,

남편 사주 - 건명乾命

시주	일주	월주	년주	사주 / 비고
기己	기己	정丁	무戊	천간
사巳	유酉	사巳	자子	지지

부인 사주 - 곤명坤命

시주	일주	월주	년주	사주 / 비고
임壬	무戊	계癸	임壬	천간
술戌	오午	축丑	진辰	지지

"겉 궁합이 남편은 무자생이요, 부인은 임진생이라.

사주를 보아하니 태세 천간이 토극수, 지지가 자진합수하여 겉 보기는 서로 등을 지고 있는 것 같지만 궁합은 좋은 부부입니다. 남편이 벽력화霹靂火요, 부인이 장류수長流水이니, 남화여수男火女水로 노각도교老脚

渡橋격입니다. 노각도교는 힘 없는 늙은이가 외나무다리를 위태하게 건너고 있는 형국을 말하는 것이니, 해로는 하되 필시 무슨 사연이 있어서 이혼을 생각하고 있다고 생각 되네요. 벽력화가 장류수를 만났으니 필시 해로는 하는 궁합입니다. 부인 사주의 속 궁합 운으로 봐서는 금전 문제가 심각한 것 같은데, 맞습니까?" 하고 물었더니,

부인이 대답하기를,

"맞습니다. 우리 그이와는 지금까지 살면서 큰 소리 한번 안 나고 지금까지 금슬 좋게 살고 있습니다. 그런데 제가 남편 모르게 친동생과 무리하게 사업을 추진하다 보니 금전적으로 어려움이 많습니다. 그래서 남편과 법적으로 합의 이혼만 해 놓고 금전 문제가 해결되면 다시 호적정리를 해서 재결합 부부로 살 요량입니다. 그렇게 해도 남편 마음이 돌아서지는 않겠는지요?"

나는, "네, 괜찮습니다. 그렇게 하셔도 무방합니다. 너무 걱정하지 않으셔도 됩니다. 지금 당장은 힘드셔도 반드시 남편이 지금 사정을 이해하실 겁니다."

부인은 몇 번이고 감사하다는 말을 하며 남편의 마음이 떠나지 않도록 기도를 부탁하며 돌아갔습니다.

얼마 후 일이 잘되었고, 남편도 부인의 입장을 충분히 이해하고 있다고 소식을 전해 왔습니다.(물론 사주궁합 감정시 세운과 대운의 작용의 면밀히 관찰해야 할 것입니다.)

6) 밤낮 없이 싸우는 궁합

어느 날 35세 가량이 된 부인 찾아와서 하는 말이 '궁합 점을 봐주세요"하는 것이었습니다.

누구의 궁합을 보려고 하십니까 반문하니, 그 부인이 미소를 지으며, "제 궁합을 보려고 하는데요. 저희 부부가 결혼 한지 십년이 되었는데, 신혼 1~2년간은 뭣이 뭔지도 모르고 세월이 지났으나 그 후로 사소한 일로 싸움이 시작되었는데, 지금은 허구헌날 밤낮을 가리지 않고 이웃집 창피한 줄도 모르고 대판 싸움질로 하루를 보내고 있어요. 이혼할 팔자면 이혼하려고 하는데, 이혼하기 전에 궁합이나 보려구요."

사주를 물으니,

남편 사주 - 건명乾命

시주	일주	월주	년주	사주 비고
임壬	신辛	계癸	임壬	천간
진辰	축丑	묘卯	오午	지지

부인 사주 - 곤명坤命

시주	일주	월주	년주	사주 비고
무戊	병丙	무戊	무戊	천간
술戌	술戌	오午	자子	지지

"겉 궁합이 남편은 임오생이요, 부인은 무자생이라.

사주를 보아 하니 태세 천간 지지가 모두 토극수, 자오충으로 충돌 현상이 일어나고 있고, 남편은 양류목楊柳木이요, 부인은 벽력화霹靂火이라. 남목여화男木女火로 삼하봉선三夏逢扇격이니 한여름에 부채를 얻은 격으로 좋을 듯하지만, 양류목은 수양버들이요, 벽력화는 천둥번개이니 서로 어울렸다가는 수양버들이 벼락에 맞아 부러져 버리는 형국입니다. 벽력화는 물을 만나야 천둥번개 뒤에 비가 내리는 격으로 좋은 겉 궁합이 되는 것이지요.

속궁합 역시 지지가 자오충, 오묘파, 축술형, 진술충으로 모두 충돌하고 있으니 어찌 가정이 평안할 수 있겠습니까. 부인도 화염토조火炎土燥 사주로써 과부팔자를 타고 난 것입니다. 이런 말씀드리기는 무엇하나, 평생을 해로하기는 두 분이 싸우다가 진이 빠져 단명하실 수도 있겠습니다." 하니,

그 부인은 운명을 숙지했다는 듯 고개를 끄덕이고는 자리에서 일어났습니다.

(이 궁합은 한국궁합학비결 중에서 사주만 발췌하여 재감정 각색함)

7) 남편이 일찍 죽은 궁합

　사무실 문을 열고 들어 온 것은 중년의 부인이었습니다.
　어딘지 모르게 안색이 초췌한 것이 혼자서 힘겹게 살아가는 모습이었습니다. 세상을 살아가는 것이 누구나 힘겹다지만 이 여인에게서는 그 누구보다도 어두운 그림자가 뚜렷하게 드리워진 것이 느껴졌습니다.
　그 여인은 조용히 앉더니, "사실, 제 남편이 죽은 지 7년이 되었는데, 도대체 왜 저에게 이런 시련이 있는가, 그리고 우리 부부가 그렇게 궁합이 나빴던 가 궁금해서 이렇게 찾아 왔습니다."
　그래서 사주를 물으니,

남편 사주 - 건명乾命

시주	일주	월주	년주	사주 / 비고
병丙	신辛	병丙	정丁	천간
신申	미未	오午	사巳	지지

부인 사주 - 곤명坤命

시주	일주	월주	년주	사주 / 비고
갑甲	계癸	신辛	계癸	천간
인寅	축丑	유酉	해亥	지지

"걸 궁합이 남편은 정사생이요, 부인은 계해생이라.

사주를 보아 하니 태세 천간 지지가 모두 정계충, 사해충을 당하여 충돌하고 있고, 남편은 사중토沙中土요, 부인은 대해수大海水로 남토여수男土女水하여 음주비가飮酒悲歌격이니 술을 마시며 슬픈 노래를 부르는 형국이요, 재산이 흩어지고 자손이 분리되어 종국에는 부부이별수라. 비록 대해수가 흙을 만나야 안정을 찾고 행복을 누릴 수 있다하나, 사중토는 모래 속에 섞여있는 흙이니 물이 침범하면 쓸려내려 갈 수 밖에 없는 형국입니다. 남편이 모래 속에 섞여있는 흙과 같이 쓸려 내려 간 것입니다.

속궁합도 역시 남편 일주가 너무 뜨거운 화기에 노출이 되어 극을 당하고 있어 부인 사주 오행에서 차가운 기운으로 이를 막아준다 하여도, 두 분의 궁합오행이 사해충, 축미충, 인신충으로 모두 충을 당하여 두 사람이 백년해로하기에는 적당치 못하네요." 하였더니,

그 여인은 쓸쓸한 눈물을 흘리면서 옛 상념에 잠긴 듯 말없이 앉아 있다가 돌아갔습니다.

(이 궁합은 한국궁합학비결 중에서 시주만 발췌하여 재감정 각색함)

8) 자식 없는 궁합

1980년 당시 결혼한 지 11년이 지나도록 아직 태기가 없는 부부라고 합니다.

이 부부는 현대의학 적으로 자식을 못 가지겠는가 궁금하여 이곳저곳 병원을 찾아 다녀 봤지만, 어떤 병원에서는 자식을 가질 수 없다고 하고, 어떤 병원에서는 자식을 가질 수 있으니 다양한 시도와 노력을 해보자는 곳도 있었는데, 아무리 노력 하여도 포태가 되질 않자, 무슨 몹쓸 병이라도 있나 해서 정밀 검사를 받아 보았지만 아무 이상이 없었다고 합니다.

그러던 중 세월이 흘러, 궁합에 자식이 없으면 그럴 수도 있다는 말을 듣고 궁합을 보게 되었다고 합니다.

남편 사주 - 건명乾命

시주	일주	월주	년주	사주 비고
을乙	갑甲	병丙	갑甲	천간
축丑	인寅	인寅	신申	지지

부인 사주 - 곤명坤命

시주	일주	월주	년주	사주 비고
병丙	경庚	갑甲	병丙	천간
술戌	신申	오午	술戌	지지

겉 궁합이 남편은 갑신생이요, 부인은 병술생이라.

사주를 보아 하니 태세 천간이 서로 목생화요, 지지가 토생금으로 상생이 되니 일단은 조화를 이룰 수 있는 궁합입니다. 남편은 천중수泉中水요, 부인은 옥상토屋上土이니 남수여토男水女土로 만물봉상萬物逢霜격이라. 만물이 서리를 만난 격이니 썩 좋지 못한 궁합이라 하나 샘 솟는 천중의 물을 지붕위에 있는 흙이 어찌 할 것인가. 헤어지지 않고 살기는 살겠구나.

속궁합을 보아 하니, 자식에 해당하는 오행이 남편이나 부인 두 사람 모두 암장되거나 충극을 당하여 온전치 못합니다. 다시 말하여 남편 사주에는 자식에 해당하는 관성이 부실하고, 부인 사주에는 자식에 해당하는 식상이 역시 부실하다는 것을 알 수 있습니다. 더구나 암장돼 있는 관성이나 식상마저 궁합적으로 인신충, 축술형으로 형충을 당하였으니 자식을 가지지 못하였습니다.

이렇듯 아무리 과학이 발달을 하였더라도 과학적으로 밝히지 못하는 것이라도 사주 궁합에서 밝혀지는 법입니다.

(이 궁합은 한국궁합학비결 중에서 사주만 발췌하여 재감정 각색함)

9) 장애우의 자식을 둔 궁합

　세상을 살다 보면 가슴 아픈 사연들을 많이 접하곤 합니다.
　그 중에서도 자식에 대한 걱정은, 자식을 둔 부모라면 그 누구도 피해 갈 수 없는 걱정을 한 가지씩은 가지고 살아간다 해도 과언은 아닐 것입니다. 아무리 남 보기 좋은 자식이라도 집에 들어가서는 남모를 고민이나 걱정이 있을 것이요, 특히 장애우(불구) 자식을 둔 부모라면 가슴 속 깊이 그 상처를 평생 안고 살아간다고 할 것입니다.
　그러한 궁합을 소개하는 것이 필자로서도 가슴 아프게 생각하는 바입니다.

남편 사주 - 건명乾命

시주	일주	월주	년주	사주 / 비고
계癸	계癸	병丙	기己	천간
해亥	사巳	인寅	묘卯	지지

부인 사주 - 곤명坤命

시주	일주	월주	년주	사주 / 비고
경庚	병丙	기己	임壬	천간
인寅	신申	유酉	오午	지지

겉 궁합이 남편은 기묘생이요, 부인은 임오생이라.

사주를 보아 하니 태세 천간이 토극수요, 지지는 목생화, 오묘파로 완벽한 조화를 이루지는 못고 있고, 남편은 성두土城頭土요, 부인은 양류목楊柳木으로 남토여목男土女木, 고목봉추枯木逢秋라. 마른 나무가 가을을 만난 격이니 언제 회춘을 할까나. 버드나무가 돌담위에 자리를 하려고 파고들어가려하나 나무가 어지 돌 담 위에 있는 적은 흙에 의지하여 살아 갈수 있겠는가. 인생이 그리 순탄치 만은 않습니다. 비록 겉은 화려하나 내부적으로 근심을 안고 살아가는 형국입니다.

속궁합을 보더라도 지지가 형충을 당하여 두 부부의 금슬도 좋아 보이지 않고, 자식궁인 시지가 일지와 사해충, 인신충 당하여 온전치 못하니, 본래는 부부가 이별을 하여야 자식의 불구를 막을 수 있었으나 끝까지 삶을 고집하여, 아니 그 이치를 깨닫지 못하고 장애우 아이를 가지게 된 것이라고 하겠습니다.

물론 여러가지 과학적으로나 유전적으로 이유가 있을 수 있겠지만, 사주학상 임상을 해보니 그렇다는 겁니다.

이 세상을 예측하는 일은 그것이 과학적이든, 사주학상이든 간에 100%라는 것은 없다고 봅니다. 그러나 그러한 예측이 되었을 경우에는, 기왕이면 다홍치마라고 후손을 위해서라도 좋은 궁합의 인연을 찾아서 만나는 것이 좋지 않을까 생각해 봅니다.

(이 궁합은 한국궁합학비결 중에서 사주만 발췌하여 재감정 각색함)

10) 평생 해로偕老한 궁합

　우리는 보통 인생을 마라톤에 비유한다든지, 험난한 바다를 항해하는 것에 비유한다든지, 일장춘몽一場春夢, 즉 한 낮의 꿈과 같이 덧없는 것이라고들 표현하곤 합니다.
　결론은 인생이 한마디로 힘들고 고통의 연속이라는 것입니다.
　이렇게 힘들고 고통스러운 인생길을 부부가 죽을 때까지 함께하기란 무슨 일보다도 어렵다는 것을 쉽게 짐작하여 알 수 있습니다.
　해로偕老라는 뜻이 부부가 일생을 함께 살며 늙어간다는 뜻인데, 부부는 원수끼리 만난다는 말도 있어 끝까지 부부의 인정으로 진실되게 살아가는 부부는 없다고 단언을 해도 틀린 말은 아닐 것입니다. 있다면 신문에 날 일이지요.
　가끔 TV에 강원도 산골 오두막에 살고 있는 노부부를 아름다운 영상으로 보여 줄 때가 있는데, 역시나 아웅다웅 살아가는 모습이 그리 쉬운 삶은 아니라고 생각해 보기도 합니다.
　부부 궁합에 대하여 이런저런 아쉬운 생각을 해 보며, 아래에 소개해 드리는 사주의 부부는 그리 부유하지는 않았지만 평생을 해로한 경우입니다. 물론 젊은 시절 어려운 고비도 많았다지요. 역시 사주 궁합이 순연하더라는 것입니다.

남편 사주 - 건명乾命

시주	일주	월주	년주	사주 비고
병丙	무戊	기己	정丁	천간
진辰	진辰	유酉	사巳	지지

부인 사주 - 곤명坤命

시주	일주	월주	년주	사주 비고
무戊	계癸	기己	기己	천간
오午	유酉	사巳	미未	지지

겉 궁합이 남편은 정사생이요, 부인은 기미생이라.

사주를 보아 하니 태세 천간 지지가 화생토하니 순생이요, 남편은 사중토沙中土요, 부인은 천상화天上火로 남토여화男土女火라. 남토여화男土女火는 인변성선人變成仙격이니 사람이 변하여 신선이 된 격이요, 사중토는 나무木를 만나야 제 역할을 하여 좋은데, 비록 사중토가 나무를 만나지 못하였다하여도 흉한 것이 반감되는 형국입니다.

속 궁합을 보아하니 여름과 가을의 조화요, 궁합 지지가 사유합, 진유합으로 순조롭고 각자의 명조가 충파가 없어 인생에 큰 변화는 없어 보입니다.

다만 자식들이 부귀공명을 이루지 못한 것이 아쉽다할 것이나, 하늘은 공평한가봅니다.

제3장에서는 여러분들이 직접 궁합을 맞춰보시기 바랍니다.

제2장 기본이론

오행五行은 '오五'는 다섯 행성行星을 말함이요, '행行'이라 함은 정하여진 일정한 길을 가는 것을 말하는 것이니, **북극성**을 중심으로 **이십팔수 별자리군群** 내에서 공전하는 태양계(북극성을 중심으로 태양이 공전하는 길을 **황도**黃道라 함)에 속하는 다섯 행성行星, 즉 수성, 금성, 화성, 토성, 목성이 태양을 중심으로 하여 공전하는 것을 말합니다.

이 다섯 행성이 황도를 따라 공전하며 태양과 달(일월日月)과 함께 지구에 가장 많은 영향을 주는데, 그 영향은 대단히 크다 하나 보통 사람으로는 느낄 수 없는 '기氣'인 것입니다. 이러한 기氣를 그림이나 글, 혹은 숫자로 나타내기도 하는데, 특히 오행성이 지구상에 존재하는 자연물이나 현상으로 표현되고 있는 것입니다.

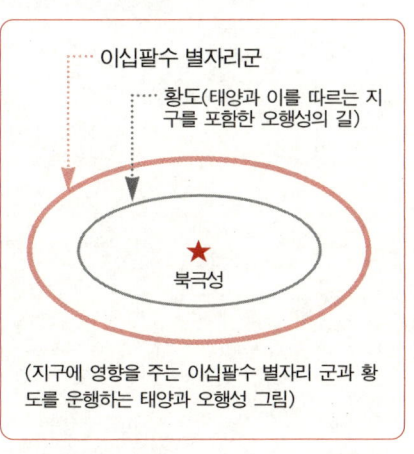

(지구에 영향을 주는 이십팔수 별자리 군과 황도를 운행하는 태양과 오행성 그림)

오행성은 자연현상으로써 쉽게 표현되고 있으니, 역易의 본 뜻인 '모든 사람에게 쉽게 쓸 수 있도록 한 것'입니다.

  수성은 물로 표현되어 수水로,
  금성은 쇠로 표현되어 금金으로,
  화성은 불로 표현되어 화火로,
  목성은 나무로 표현되어 목木으로,
  토성은 흙으로 표현되어 토土로 표현됩니다.

해서 이 다섯 기氣는 서로 어울려 돕기도 하고 부딪히기도 하여 상생相生과 상극相剋을 이루어 지구에 사는 모든 생물들의 생로병사 빈부귀천 길흉사를 발생하게 하는 것입니다.
  궁합도 이러한 기운의 영향에 의하여 좋고 나쁨이 결정된다는 것입니다.

1. 오행五行의 상생相生

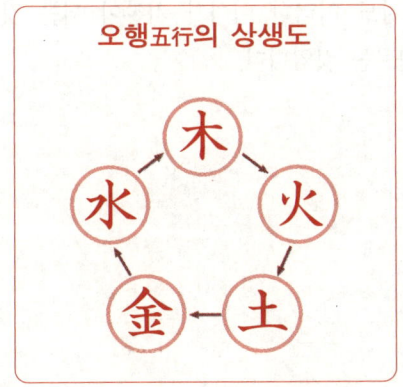

금목수화토의 다섯 오행이 서로 도와 이로운 것을 말합니다.

그 의미를 쉽게 살펴보면,

목생화 나무는 불을 살리고, 불은 꽁꽁 언 나무를 따뜻하게 해주니 서로 좋다.
화생토 불은 사물을 태워서 흙을 기름지게 만들며, 흙은 언덕을 만들어 불이 꺼지지 않게 바람을 막아주니 서로 좋다.
태생금 흙은 단단하게 굳어져 쇠를 만들어내며, 쇠는 흙을 둘러싸 나무뿌리가 뚫고 들어오는 것은 막아주니 서로 좋다.
금생수 쇠는 습기를 모아 큰물을 만들어 주고, 물은 더러운 쇠를 씻어주니 서로 좋다.
수생목 물은 나무를 살려주고, 나무는 물을 순환시켜 썩지 않게 하고 물을 머금어서 쉽게 증발하지 않게 도와주니 서로 좋다.

사람의 사주팔자도 이러한 이치가 기본이 되는 것이고, 궁합 역시 이러한 이치에 따르는 것입니다.

2. 오행五行의 상극相剋

오행五行의 상극도

금목수화토의 다섯 오행이 서로 부딪혀 해로운 것을 말합니다.

목극토 나무는 흙을 파고들어 괴롭히고, 흙이 사태가 나면 나무를 파묻어 버리니 서로 나쁘다.

토극수 흙은 물길을 가로막아 흐르지 못하게 하고, 물은 홍수로 흙을 떠내려가게 하니 서로 나쁘다.

수극화 물은 불을 꺼뜨리고, 불은 물을 증발시켜 버리니 서로 나쁘다.

화극금 불은 쇠를 녹이고, 쇠는 불의 열기를 빼앗으니 서로 나쁘다.
금극목 쇠는 나무를 자르고, 단단한 나무는 단단한 쇠를 깨뜨리거나 무디게 하니 서로 나쁘다.

3. 전문가를 위한 납음오행산출법 納音五行算出法

전문가 되시는 분만 보세요. 일반 분들은 이해가 잘 안되실 겁니다.
생년(태어난 해, 태세라고도 함) 오행과 천간天干 지지地支의 **선천수先天數**와 **용수用數**(천지대연수天地大衍數 오십五十 빼기 태극부동수太極不動數 일一은 사십구四十九)인 사십구四十九를 참고하고,

《오행의 선천수先天數》

목木 - 3, 8
화火 - 2, 7
토土 - 5, 10
금金 - 4, 9
수水 - 1, 6

《천간天干 지지地支의 선천수先天數》

갑甲 - 구九, 기己 - 구九
을乙 - 팔八, 경庚 - 팔八

병丙 - 칠七, 신辛 - 칠七
정丁 - 육六, 임壬 - 육六
무戊 - 오五, 계癸 - 오五

자子 - 구九, 오午 - 구九
축丑 - 팔八, 미未 - 팔八
인寅 - 칠七, 신申 - 칠七
묘卯 - 육六, 유酉 - 육六
진辰 - 오五, 술戌 - 오五
사巳 - 사四, 해亥 - 사四

《육십갑자표六十甲子表》

甲子 乙丑	丙寅 丁卯	戊辰 己巳	庚午 辛未	壬申 癸酉
甲戌 乙亥	丙子 丁丑	戊寅 己卯	庚辰 辛巳	壬午 癸未
甲申 乙酉	丙戌 丁亥	戊子 己丑	庚寅 辛卯	壬辰 癸巳
甲午 乙未	丙申 丁酉	戊戌 己亥	庚子 辛丑	壬寅 癸卯
甲辰 乙巳	丙午 丁未	戊申 己酉	庚戌 辛亥	壬子 癸丑
甲寅 乙卯	丙辰 丁巳	戊午 己未	庚申 辛酉	壬戌 癸亥

예를 들자면,

(편의상 음력기준)1978년에 태어 난 사람이라면, 1978년은 무오년이니 띠는 말띠입니다.

① 무오년은 태세가 '戊午'가 되므로 천간의 '戊'는 선천수로 '5'이고, 지지의 '午'는 선천수로 '9'가 됩니다.
② 그리고 위 《육십갑자표六十甲子表》에서 '戊午'의 칸 안에 있는 '己未'도 선천수를 뽑아냅니다. 천간의 '己'는 선천수로 '9'가 되고 지지의 '未'는 선천수로 '8'이 됩니다.
③ 그러면 무오의 선천수 합은 '14'가 되고, 기미의 선천수 합은 '17'이 됩니다.
④ '戊午'의 수 '14'와 '己未'의 수 '17'을 합하면 '31'이 됩니다.
⑤ 여기서 나온 '31'을 '용수用數'인 '49'에서 빼면, 49-31=18인데,
⑥ 이 '18'을 '천지기본수인 5'로 나누면, 18÷5=3과 나머지 3으로 '나머지 3'을
⑦ 《오행의 선천수先天數》에서 찾으니, '나머지 3'은 '목木'에 해당하여,
⑧ '목木'이 생하는 것은 '화火'이니 '戊午'가 곧 '천상화天上火'가 되는 것입니다.

다른 천간지지 태세도 마찬가지로 적용하면 됩니다. 좀 복잡하지요? 그래서 다음과 같이 도표로 나타내었습니다.

《육십갑자병납음표六十甲子竝納音表》

甲子 乙丑	해중금 海中金	丙寅 丁卯	노중화 爐中火	戊辰 己巳	대림목 大林木	庚午 辛未	노방토 路傍土	壬申 癸酉	검봉금 劍鋒金
甲戌 乙亥	산두화 山頭火	丙子 丁丑	간하수 澗下水	戊寅 己卯	성두토 城頭土	庚辰 辛巳	백랍금 白鑞金	壬午 癸未	양류목 楊柳木
甲申 乙酉	천중수 泉中水	丙戌 丁亥	벽상토 屋上土	戊子 己丑	벽력화 霹靂火	庚寅 辛卯	송백목 松柏木	壬辰 癸巳	장류수 長流水
甲午 乙未	사중금 沙中金	丙申 丁酉	산하화 山下火	戊戌 己亥	평지목 平地木	庚子 辛丑	벽상토 壁上土	壬寅 癸卯	금박금 金箔金
甲辰 乙巳	복등화 復燈火	丙午 丁未	천하수 天河水	戊申 己酉	대역토 大驛土	庚戌 辛亥	차천금 釵釧金	壬子 癸丑	상자목 桑柘木
甲寅 乙卯	대계수 大溪水	丙辰 丁巳	사중토 沙中土	戊午 己未	천상화 天上火	庚申 辛酉	석류목 石榴木	壬戌 癸亥	대해수 大海水

※ 육십갑자를 5음音(궁상각치우)에 분배하여 1율律이 5음을 가지게 하고 12율을 60음에 배정하고 여기에 오행五行을 적용하여 놓은 것으로, 송宋나라 때 심괄沈括이 지은 '몽계필담夢溪筆談'에서 기록되었다고 합니다.

제3장

나의궁합보기

1. 납음오행으로 보는 궁합법

궁합을 보는 순서가 나열 되어 있습니다.
궁합을 찾아보기 전에 번호 순서대로 읽어 나가면 쉽게 궁합을 찾아 볼 수 있습니다.
궁합은 사랑하는 남녀간의 궁합뿐만 아니라 부모와 자식관계, 친인척 관계, 친구와의 관계, 직장이나 거래처 사람 등과의 궁합을 보아도 됩니다. 소위 말하는 겉 궁합입니다만 한 단계 정리된 겉 궁합이니 참고하신다면 많은 도움이 되시리라 생각합니다.(속 궁합은 전문가와 상의하시기 바랍니다.)

1) 나와 상대방의 태어난 해(태세) 알아보기

나와 상대방이 태어난 해, 즉 태세를 다음의 《태세도표》에서 찾으세요.

태어난 해를 찾으신 다음 태세납음오행을 확인 하시면 됩니다.

예를 들어 1983년생의 남자가 1985년생의 여자와 궁합을 본다면, 먼저 '1983'이라는 숫자를 도표에서 찾으니

계해癸亥 대해수 大海水	1923, 1983

'계해癸亥대해수大海水'가 되고,

다음 '1985'라는 숫자를 도표에서 찾으니

을축乙丑 해중금 海中金	1925, 1985

'을축乙丑해중금海中金'이 되는 것입니다.

태 세 도 표					
태세 납음오행	태어난 해	태세 납음오행	태어난 해	태세 납음오행	태어난 해
갑자甲子 해중금 海中金	1924, 1984	갑신甲申 천중수 泉中水	1944, 2004	갑진甲辰 복등화 復燈火	1904, 1964
을축乙丑 해중금 海中金	1925, 1985	을유乙酉 천중수 泉中水	1945, 2005	을사乙巳 복등화 復燈火	1905, 1965
병인丙寅 노중화 爐中火	1926, 1986	병술丙戌 옥상토 屋上土	1946, 2006	병오丙午 천하수 天河水	1906, 1966
정묘丁卯 노중화 爐中火	1927, 1987	정해丁亥 옥상토 屋上土	1947, 2007	정미丁未 천하수 天河水	1907, 1967
무진戊辰 대림목 大林木	1928, 1988	무자戊子 벽력화 霹靂火	1948, 2008	무신戊申 대역토 大驛土	1908, 1968
기사己巳 대림목 大林木	1929, 1989	기축己丑 벽력화 霹靂火	1949, 2009	기유己酉 대역토 大驛土	1909, 1969
경오庚午 노방토 路傍土	1930, 1990	경인庚寅 송백목 松柏木	1950, 2010	경술庚戌 차천금 釵釧金	1910, 1970
신미辛未 노방토 路傍土	1931, 1991	신묘辛卯 송백목 松柏木	1951, 2011	신해辛亥 차천금 釵釧金	1911, 1971
임신壬申 검봉금 劍鋒金	1932, 1992	임진壬辰 장류수 長流水	1952, 2012	임자壬子 상자목 桑柘木	1912, 1972
계유癸酉 검봉금 劍鋒金	1933, 1993	계사癸巳 장류수 長流水	1953, 2013	계축癸丑 상자목 桑柘木	1913, 1973

태 세 도 표					
태 세 납음오행	태어난 해	태 세 납음오행	태어난 해	태 세 납음오행	태어난 해
갑술甲戌 산두화 山頭火	1934, 1994	갑오甲午 사중금 沙中金	1954, 2014	갑인甲寅 대계수 大溪水	1914, 1974
을해乙亥 산두화 山頭火	1935, 1995	을미乙未 사중금 沙中金	1955, 2015	을묘乙卯 대계수 大溪水	1915, 1975
병자丙子 간하수 澗下水	1936, 1996	병신丙申 산하화 山下火	1956, 2016	병진丙辰 사중토 沙中土	1916, 1976
정축丁丑 간하수 澗下水	1937, 1997	정유丁酉 산하화 山下火	1957, 2017	정사丁巳 사중토 沙中土	1917, 1977
무인戊寅 성두토 城頭土	1938, 1998	무술戊戌 평지목 平地木	1958, 2018	무오戊午 천상화 天上火	1918, 1978
기묘己卯 성두토 城頭土	1939, 1999	기해己亥 평지목 平地木	1959, 2019	기미己未 천상화 天上火	1919, 1979
경진庚辰 백랍금 白鑞金	1940, 2000	경자庚子 벽상토 壁上土	1960, 2020	경신庚申 석류목 石榴木	1920, 1980
신사辛巳 백랍금 白鑞金	1941, 2001	신축辛丑 벽상토 壁上土	1901, 1961	신유辛酉 석류목 石榴木	1921, 1981
임오壬午 양류목 楊柳木	1942, 2002	임인壬寅 금박금 金箔金	1902, 1962	임술壬戌 대해수 大海水	1922, 1982
계미癸未 양류목 楊柳木	1943, 2003	계묘癸卯 금박금 金箔金	1903, 1963	계해癸亥 대해수 大海水	1923, 1983

납음오행의 의미					
갑자甲子 해중금 海中金	바다 속의 쇠나 금	갑신甲申 천중수 泉中水	우물물이나 샘물	갑진甲辰 복등화 復燈火	집에 있는 등잔불
을축乙丑 해중금 海中金		을유乙酉 천중수 泉中水		을사乙巳 복등화 復燈火	
병인丙寅 노중화 爐中火	방안의 화롯불	병술丙戌 옥상토 屋上土	지붕위의 기와 사이에 있는 흙	병오丙午 천하수 天河水	하늘의 은하수
정묘丁卯 노중화 爐中火		정해丁亥 옥상토 屋上土		정미丁未 천하수 天河水	
무진戊辰 대림목 大林木	숲의 큰 나무	무자戊子 벽력화 霹靂火	번갯불	무신戊申 대역토 大驛土	정거장 광장 에 밟혀서 굳어진 흙
기사己巳 대림목 大林木		기축己丑 벽력화 霹靂火		기유己酉 대역토 大驛土	
경오庚午 노방토 路傍土	길가의 흙	경인庚寅 송백목 松柏木	소나무나 잣나무	경술庚戌 차천금 釵釧金	물속에 있는 금비녀
신미辛未 노방토 路傍土		신묘辛卯 송백목 松柏木		신해辛亥 차천금 釵釧金	
임신壬申 검봉금 劍鋒金	창, 칼 같은 쇠나 금	임진壬辰 장류수 長流水	큰 강줄기의 물	임자壬子 상자목 桑柘木	뽕나무
계유癸酉 검봉금 劍鋒金		계사癸巳 장류수 長流水		계축癸丑 상자목 桑柘木	

납음오행의 의미

갑술甲戌 산두화 山頭火	산봉우리의 봉화불	갑오甲午 사중금 沙中金	모래 속에 묻힌 금	갑인甲寅 대계수 大溪水	큰 계곡의 물
을해乙亥 산두화 山頭火		을미乙未 사중금 沙中金		을묘乙卯 대계수 大溪水	
병자丙子 간하수 澗下水	바위 사이를 흐르는 습기 같이 엷은 물	병신丙申 산하화 山下火	산 아래 오두막 모닥불	병진丙辰 사중토 沙中土	모래 속에 섞인 흙
정축丁丑 간하수 澗下水		정유丁酉 산하화 山下火		정사丁巳 사중토 沙中土	
무인戊寅 성두토 城頭土	성벽 위의 엷은 흙더미	무술戊戌 평지목 平地木	평지에 있는 나무	무오戊午 천상화 天上火	강렬한 태양 이나 태양의 자외선
기묘己卯 성두토 城頭土		기해己亥 평지목 平地木		기미己未 천상화 天上火	
경진庚辰 백랍금 白臘金	하얀 밀납과 같은 쇠나 금	경자庚子 벽상토 壁上土	담벼락에 발라진 흙	경신庚申 석류목 石榴木	돌밭의 석류나무
신사辛巳 백랍금 白臘金		신축辛丑 벽상토 壁上土		신유辛酉 석류목 石榴木	
임오壬午 양류목 楊柳木	수양버들	임인壬寅 금박금 金箔金	도금된 금	임술壬戌 대해수 大海水	바닷물
계미癸未 양류목 楊柳木		계묘癸卯 금박금 金箔金		계해癸亥 대해수 大海水	

2) 납음오행 궁합 해설

 오행이 상생이 되어도 흉한 경우가 있고, 상극이 되어도 길한 경우가 있으니 이를 기록하여 놓습니다. 반드시 아래의 **납음오행운극용불용궁합**을 최우선적으로 참고하셔서 착오가 없도록 하시기 바랍니다.
 아무리 오행이 상생되어 좋다하여도 납음오행운극용불용궁합의 배합이 나쁘면 궁합이 나쁜 것입니다.
 궁합보는 첫 단계로써 이 납음오행운극용불용궁합의 작용이 극을 당하지 않아야 길한 궁합이 되는 것이니, 만일 이 오행이 극을 당하는 궁합이라면 궁합의 내용은 볼 필요가 없다고 해도 과언은 아닌 것입니다.

※ 천간지지 납음오행의 띠

납음오행의 띠를 참고하여 자신과 상대방의 띠를 찾으세요.

갑자甲子해중금海中金 - 쥐띠
을축乙丑해중금海中金 - 소띠
병인丙寅노중화爐中火 - 범띠
정묘丁卯노중화爐中火 - 토끼띠
무진戊辰대림목大林木 - 용띠
기사己巳대림목大林木 - 뱀띠
경오庚午노방토路傍土 - 말띠(백말띠, 庚金은 서방西方 金으로 오색 중 흰색을 나타냄)
신미辛未노방토路傍土 - 양띠
임신壬申검봉금劍鋒金 - 잔나비띠(원숭이띠)
계유癸酉검봉금劍鋒金 - 닭띠

갑술甲戌산두화山頭火 - 개띠
을해乙亥산두화山頭火 - 돼지띠
병자丙子간하수澗下水 - 쥐띠
정축丁丑간하수澗下水 - 소띠
무인戊寅성두토城頭土 - 범띠
기묘己卯성두토城頭土 - 토끼띠
경진庚辰백랍금白臘金 - 용띠
신사辛巳백랍금白臘金 - 뱀띠
임오壬午양류목楊柳木 - 말띠
계미癸未양류목楊柳木 - 양띠
갑신甲申천중수泉中水 - 잔나비띠(원숭이띠)
을유乙酉천중수泉中水 - 닭띠
병술丙戌옥상토屋上土 - 개띠
정해丁亥옥상토屋上土 - 돼지띠
무자戊子벽력화霹靂火 - 쥐띠
기축己丑벽력화霹靂火 - 소띠
경인庚寅송백목松柏木 - 범띠
신묘辛卯송백목松柏木 - 토끼띠
임진壬辰장류수長流水 - 용띠
계사癸巳장류수長流水 - 뱀띠
갑오甲午사중금沙中金 - 말띠
을미乙未사중금沙中金 - 양띠
병신丙申산하화山下火 - 잔나비띠(원숭이띠)
정유丁酉산하화山下火 - 닭띠
무술戊戌평지목平地木 - 개띠

기해己亥평지목平地木 - 돼지띠
경자庚子벽상토壁上土 - 쥐띠
신축辛丑벽상토壁上土 - 소띠
임인壬寅금박금金箔金 - 범띠
계묘癸卯금박금金箔金 - 토끼띠
갑진甲辰복등화復燈火 - 용띠
을사乙巳복등화復燈火 - 뱀띠
병오丙午천하수天河水 - 말띠
정미丁未천하수天河水 - 양띠
무신戊申대역토大驛土 - 잔나비띠(원숭이띠)
기유己酉대역토大驛土 - 닭띠
경술庚戌차천금釵釧金 - 개띠
신해辛亥차천금釵釧金 - 돼지띠
임자壬子상자목桑柘木 - 쥐띠
계축癸丑상자목桑柘木 - 소띠
갑인甲寅대계수大溪水 - 범띠
을묘乙卯대계수大溪水 - 토끼띠
병진丙辰사중토沙中土 - 용띠
정사丁巳사중토沙中土 - 뱀띠
무오戊午천상화天上火 - 말띠
기미己未천상화天上火 - 양띠
경신庚申석류목石榴木 - 잔나비띠(원숭이띠)
신유辛酉석류목石榴木 - 닭띠
임술壬戌대해수大海水 - 개띠
계해癸亥대해수大海水 - 돼지띠

(1) 1단계 : 납음오행운극용불용 궁합 보기

납음오행운극용불용궁합법은 겉 궁합의 대표적인 예입니다.

자신의 납음오행과 상대방의 납음오행을 찾았으면,

자신의 납음오행을 찾아 상대방의 납음오행과 비교해 보시면 됩니다.

오행의 상생상극이 잘 이해가 안 되시는 분은 앞서 설명한 '제2장의 오행의 상생과 상극' 부분을 다시 읽어 보시기 바랍니다.

※ 참고사항

여기서 설명되지 않는 궁합은 평범한 궁합입니다.

다음의 내용에 있는 상극하는 납음오행은 아주 나쁜 궁합이니, 다음에 설명되는 "(2) 2단계: 오행의 생극관계 궁합 보기"에서 상생 상극을 비교하여 좋고 나쁨을 판단하시기 바랍니다.

여기서 궁합이 맞는 납음오행 띠별로 나열한 것은 좋은 궁합이 되는 띠만을 나열해 놓은 것입니다. 네모 칸의 숫자는 태어난 년도 입니다.

갑자甲子해중금海中金 쥐띠

갑자甲子 해중금海中金	1924, 1984

바다 속의 金이 火의 극을 두려워하지 않지만,
무오戊午천상화天上火, 기미己未천상화天上火, 무자戊子벽력화霹靂火, 기축己丑벽력화霹靂火의 극은 두려워합니다. 이런 납음오행을 만나면, 보이지 않는 나쁜 기운이 작용하므로 가정불화와 파산이 예상되는 궁합입니다. 다른 상생하는 납음오행과는 무방한 궁합입니다.

갑자甲子해중금海中金 쥐띠와 궁합이 맞는 납음오행 띠 - 좋은 궁합
병자丙子간하수澗下水 - 쥐띠
정축丁丑간하수澗下水 - 소띠
갑신甲申천중수泉中水 - 잔나비띠(원숭이띠)
병술丙戌옥상토屋上土 - 개띠
정해丁亥옥상토屋上土 - 돼지띠
임진壬辰장류수長流水 - 용띠
계사癸巳장류수長流水 - 뱀띠
신축辛丑벽상토壁上土 - 소띠
갑인甲寅대계수大溪水 - 범띠
병진丙辰사중토沙中土 - 용띠
정사丁巳사중토沙中土 - 뱀띠
임술壬戌대해수大海水 - 개띠
계해癸亥대해수大海水 - 돼지띠

을축乙丑해중금海中金 소띠

을축乙丑 해중금海中金	1925, 1985

바다 속의 金이 火의 극을 두려워하지 않지만,

무오戊午천상화天上火, 기미己未천상화天上火, 무자戊子벽력화霹靂火, 기축 己丑벽력화霹靂火의 극은 두려워합니다. 이런 납음오행을 만나면, 보이지 않는 나쁜 기운이 작용하므로 가정불화와 파산이 예상되는 궁합입니다. 다른 상생하는 납음오행과는 무방한 궁합입니다.

을축乙丑해중금海中金 소띠와 궁합이 맞는 납음오행 띠 - 좋은 궁합
병자丙子간하수澗下水 - 쥐띠
정축丁丑간하수澗下水 - 소띠
무인戊寅성두토城頭土 - 범띠
갑신甲申천중수泉中水 - 잔나비띠(원숭이띠)
을유乙酉천중수泉中水 - 닭띠
정해丁亥옥상토屋上土 - 돼지띠
계사癸巳장류수長流水 - 뱀띠
경자庚子벽상토壁上土 - 쥐띠
무신戊申대역토大驛土 - 잔나비띠(원숭이띠)
갑인甲寅대계수大溪水 - 범띠
을묘乙卯대계수大溪水 - 토끼띠
정사丁巳사중토沙中土 - 뱀띠
계해癸亥대해수大海水 - 돼지띠

병인丙寅노중화爐中火 범띠

병인丙寅 노중화爐中火	1926, 1986

화로불이 水의 극을 두려워하지 않지만,

병오丙午**천하수**天河水, **정미**丁未**천하수**天河水, **임술**壬戌**대해수**大海水, **계해**癸亥**대해수**大海水의 극은 두려워합니다. 이런 납음오행을 만나면, 서서히 가산이 기울어서 마침내는 이별하는 형국입니다. 서로의 좋아하던 감정이 점점 사그러들어서 마침내는 소가 닭 보듯 하는 사이가 되고 마는 궁합입니다. 다른 상생하는 납음오행과는 무방한 궁합입니다.

병인丙寅노중화爐中火 범띠와 궁합이 맞는 납음오행 띠 - 좋은 궁합
무진戊辰대림목大林木 - 용띠
신미辛未노방토路傍土 - 양띠
무인戊寅성두토城頭土 - 범띠
기묘己卯성두토城頭土 - 토끼띠
병술丙戌옥상토屋上土 - 개띠
신묘辛卯송백목松柏木 - 토끼띠
무술戊戌평지목平地木 - 개띠
신축辛丑벽상토壁上土 - 소띠
계축癸丑상자목桑柘木 - 소띠
병진丙辰사중토沙中土 - 용띠
신유辛酉석류목石榴木 - 닭띠

정묘丁卯노중화爐中火 토끼띠

정묘丁卯 노중화爐中火	1927, 1987

화로불이 水의 극을 두려워하지 않지만,

병오丙午천하수天河水, 정미丁未천하수天河水, 임술壬戌대해수大海水, 계해癸亥대해수大海水의 극은 두려워합니다. 이런 납음오행을 만나면, 서서히 가산이 기울어서 마침내는 이별하는 형국입니다. 서로의 좋아하던 감정이 점점 사그러들어서 마침내는 소가 닭 보듯 하는 사이가 되고 마는 궁합입니다. 다른 상생하는 납음오행과는 무방한 궁합입니다.

정묘丁卯노중화爐中火 토끼띠와 궁합이 맞는 납음오행 띠 - 좋은 궁합
기사己巳대림목大林木 - 뱀띠
무인戊寅성두토城頭土 - 범띠
기묘己卯성두토城頭土 - 토끼띠
병술丙戌옥상토屋上土 - 개띠
정해丁亥옥상토屋上土 - 돼지띠
무술戊戌평지목平地木 - 개띠
기해己亥평지목平地木 - 돼지띠
병진丙辰사중토沙中土 - 용띠
정사丁巳사중토沙中土 - 뱀띠

무진戊辰대림목大林木 용띠

무진戊辰 대림목大林木	1928, 1988

 큰 나무가 金의 극을 두려워하지 않지만,
 임신壬申검봉금劒鋒金, 계유癸酉검봉금劒鋒金의 극은 두려워합니다. 이런 납음오행을 만나면, 서로 다툼이 있고, 고목나무가 도끼에 잘려 나가듯 일가친척이 분리되어 유리방황하는 시련을 겪게 되는 것입니다. 다른 상생하는 납음오행과는 무방한 궁합입니다.

무진戊辰대림목大林木 용띠와 궁합이 맞는 납음오행 띠 - 좋은 궁합
병인丙寅노중화爐中火 - 범띠
을해乙亥산두화山頭火 - 돼지띠
병자丙子간하수澗下水 - 쥐띠
을유乙酉천중수泉中水 - 닭띠
무자戊子벽력화霹靂火 - 쥐띠
계사癸巳장류수長流水 - 뱀띠
병신丙申산하화山下火 - 잔나비띠(원숭이띠)
정유丁酉산하화山下火 - 닭띠
을사乙巳복등화復燈火 - 뱀띠
병오丙午천하수天河水 - 말띠
정미丁未천하수天河水 - 양띠
을묘乙卯대계수大溪水 - 토끼띠
무오戊午천상화天上火 - 말띠
기미己未천상화天上火 - 양띠

기사己巳대림목大林木 뱀띠

기사己巳 대림목大林木	1929, 1989

큰 나무가 金의 극을 두려워하지 않지만,

임신壬申검봉금劍鋒金, 계유癸酉검봉금劍鋒金의 극은 두려워합니다. 이런 납음오행을 만나면, 서로 다툼이 있고, 고목나무가 도끼에 잘려 나가듯 일가친척이 분리되어 유리방황하는 시련을 겪게 되는 것입니다. 다른 상생하는 납음오행과는 무방한 궁합입니다.

기사己巳대림목大林木 뱀띠와 궁합이 맞는 납음오행 띠 - 좋은 궁합
정묘丁卯노중화爐中火 - 토끼띠
경오庚午노방토路傍土 - 말띠(백말띠, 庚金은 서방西方 金으로 오색 중 흰
  색을 나타냄)
신미辛未노방토路傍土 - 양띠
병자丙子간하수澗下水 - 쥐띠
무자戊子벽력화霹靂火 - 쥐띠
기축己丑벽력화霹靂火 - 소띠
임진壬辰장류수長流水 - 용띠
정유丁酉산하화山下火 - 닭띠
갑진甲辰복등화復燈火 - 용띠
병오丙午천하수天河水 - 말띠
정미丁未천하수天河水 - 양띠
무오戊午천상화天上火 - 말띠
기미己未천상화天上火 - 양띠

경오庚午노방토路傍土 말띠

경오庚午 노방토路傍土	1930, 1990

　길가의 흙인 노방토路傍土는 목을 만나면 목극토木剋土이지만 목木을 필요로 합니다.

　다만, 임오壬午양류목楊柳木, 계미癸未양류목楊柳木, 경인庚寅송백목松柏木, 신묘辛卯송백목松柏木의 극은 두려워합니다. 이런 납음오행을 만나면, 아름드리나무에 흙의 양분을 모두 빼앗기는 것처럼 가산이 점점 줄어들고, 서로 간의 세력다툼으로 기 싸움을 벌이게 되어 스스로 무너져 버리는 불행을 겪게 됩니다. 다른 상생하는 납음오행과는 무방한 궁합입니다.

경오庚午노방토路傍土 말띠와 궁합이 맞는 납음오행 띠 - 좋은 궁합
신미辛未노방토路傍土 - 양띠
임신壬申검봉금劍鋒金 - 잔나비띠(원숭이띠)
계유癸酉검봉금劍鋒金 - 닭띠
을해乙亥산두화山頭火 - 돼지띠
무인戊寅성두토城頭土 - 범띠
신사辛巳백랍금白臘金 - 뱀띠
정해丁亥옥상토屋上土 - 돼지띠
을미乙未사중금沙中金 - 양띠
정유丁酉산하화山下火 - 닭띠
임인壬寅금박금金箔金 - 범띠

을사乙巳복등화復燈火 - 뱀띠
무신戊申대역토大驛土 - 잔나비띠(원숭이띠)
기유己酉대역토大驛土 - 닭띠
신해辛亥차천금釵釧金 - 돼지띠
정사丁巳사중토沙中土 - 뱀띠
기미己未천상화天上火 - 양띠

신미辛未노방토路傍土 양띠

신미辛未 노방토路傍土	1931, 1991

길가의 흙인 노방토路傍土는 목을 만나면 목극토木剋土이지만 목木을 필요로 합니다.

다만, 임오壬午양류목楊柳木, 계미癸未양류목楊柳木, 경인庚寅송백목松柏木, 신묘辛卯송백목松柏木의 극은 두려워합니다. 이런 납음오행을 만나면, 아름드리나무에 흙의 양분을 모두 빼앗기는 것처럼 가산이 점점 줄어들고, 서로 간의 세력다툼으로 기 싸움을 벌이게 되어 스스로 무너져 버리는 불행을 겪게 됩니다. 다른 상생하는 납음오행과는 무방한 궁합입니다.

신미辛未노방토路傍土 양띠와 궁합이 맞는 납음오행 띠 - 좋은 궁합
경오庚午노방토路傍土 - 말띠(백말띠, 庚金은 서방西方 金으로 오색 중 흰색을 나타냄)
임신壬申검봉금劒鋒金 - 잔나비띠(원숭이띠)
계유癸酉검봉금劒鋒金 - 닭띠
기묘己卯성두토城頭土 - 토끼띠
경진庚辰백랍금白臘金 - 용띠
갑오甲午사중금沙中金 - 말띠
병신丙申산하화山下火 - 잔나비띠(원숭이띠)
계묘癸卯금박금金箔金 - 토끼띠
갑진甲辰복등화復燈火 - 용띠

무신戊申대역토大驛土 - 잔나비띠(원숭이띠)
기유己酉대역토大驛土 - 닭띠
병진丙辰사중토沙中土 - 용띠
무오戊午천상화天上火 - 말띠
기미己未천상화天上火 - 양띠

임신壬申검봉금劍鋒金 잔나비띠

임신壬申 검봉금劍鋒金	1932, 1992

　창과 칼 같은 강한 쇠는 火의 극을 두려워하지 않으니 검봉금劍鋒金이 火를 만나면 화극금火剋金이지만 화火를 필요로 합니다.

　다만, **병인丙寅**노중화爐中火, **정묘丁卯**노중화爐中火, **무오戊午**천상화天上火, **기미己未**천상화天上火, **무자戊子**벽력화霹靂火, **기축己丑**벽력화霹靂火의 극은 두려워합니다. 이런 납음오행을 만나면, 쇠가 용광로에서 녹아 형체를 알아보기 어렵듯이 불의의 사고를 당한다거나 몹쓸 불치병에 걸려서 가산을 탕진하게 되는 것입니다. 다른 상생하는 납음오행과는 무방한 궁합입니다.

임신壬申검봉금劍鋒金 잔나비띠와 궁합이 맞는 납음오행 띠 - 좋은 궁합
경오庚午노방토路傍土 - 말띠(백말띠, 庚金은 서방西方 金으로 오색 중 흰색을 나타냄)
신미辛未노방토路傍土 - 양띠
정축丁丑간하수澗下水 - 소띠
갑신甲申천중수泉中水 - 잔나비띠(원숭이띠)
을유乙酉천중수泉中水 - 닭띠
정해丁亥옥상토屋上土 - 돼지띠
임진壬辰장류수長流水 - 용띠
경자庚子벽상토壁上土 - 쥐띠
신축辛丑벽상토壁上土 - 소띠

정미丁未천하수天河水 - 양띠
기유己酉대역토大驛土 - 닭띠
임술壬戌대해수大海水 - 개띠
계해癸亥대해수大海水 - 돼지띠

계유癸酉검봉금劍鋒金 닭띠

계유癸酉 검봉금劍鋒金	1933, 1993

　창과 칼 같은 강한 쇠는 火의 극을 두려워하지 않으니 검봉금劍鋒金이 火를 만나면 화극금火剋金이지만 화火를 필요로 합니다.
　다만, 병인丙寅노중화爐中火, 정묘丁卯노중화爐中火, 무오戊午천상화天上火, 기미己未천상화天上火, 무자戊子벽력화霹靂火, 기축己丑벽력화霹靂火의 극은 두려워합니다. 이런 납음오행을 만나면, 쇠가 용광로에서 녹아 형체를 알아보기 어렵듯이 불의의 사고를 당한다거나 몹쓸 불치병에 걸려서 가산을 탕진하게 되는 것입니다. 다른 상생하는 납음오행과는 무방한 궁합입니다.

　계유癸酉검봉금劍鋒金 닭띠와 궁합이 맞는 납음오행 띠 - 좋은 궁합
　경오庚午노방토路傍土 - 말띠(백말띠, 庚金은 서방西方 金으로 오색 중 흰
　　　　　　　　　　　　 색을 나타냄)
　신미辛未노방토路傍土 - 양띠
　갑신甲申천중수泉中水 - 잔나비띠(원숭이띠)
　병술丙戌옥상토屋上土 - 개띠
　임진壬辰장류수長流水 - 용띠
　계사癸巳장류수長流水 - 뱀띠
　신축辛丑벽상토壁上土 - 소띠
　병오丙午천하수天河水 - 말띠
　무신戊申대역토大驛土 - 잔나비띠(원숭이띠)

계축癸丑상자목桑柘木 - 소띠
병진丙辰사중토沙中土 - 용띠
임술壬戌대해수大海水 - 개띠
계해癸亥대해수大海水 - 돼지띠

갑술甲戌산두화山頭火 개띠

갑술甲戌 산두화山頭火	1934, 1994

산봉우리의 봉화불은 水의 극을 두려워하지 않지만,
병오丙午천하수天河水, 정미丁未천하수天河水의 극은 두려워합니다. 이런 납음오행을 만나면, 사회적으로나 개인적으로 빛을 보지 못하고 하는 일에 마장이 많아 일의 결과를 보기 어려운 형국이 되는 것입니다. 다른 상생하는 납음오행과는 무방한 궁합입니다.

갑술甲戌산두화山頭火 개띠와 궁합이 맞는 납음오행 띠 - 좋은 궁합
기묘己卯성두토城頭土 - 토끼띠
임오壬午양류목楊柳木 - 말띠
병술丙戌옥상토屋上土 - 개띠
정해丁亥옥상토屋上土 - 돼지띠
신묘辛卯송백목松柏木 - 토끼띠
기해己亥평지목平地木 - 돼지띠
기유己酉대역토大驛土 - 닭띠
임자壬子상자목桑柘木 - 쥐띠
신유辛酉석류목石榴木 - 닭띠

을해乙亥산두화山頭火 돼지띠

을해乙亥 산두화山頭火	1935, 1995

산봉우리의 봉화불은 水의 극을 두려워하지 않지만, **병오丙午**천하수天河水, **정미丁未**천하수天河水의 극은 두려워합니다. 이런 납음오행을 만나면, 사회적으로나 개인적으로 빛을 보지 못하고 하는 일에 마장이 많아 일의 결과를 보기 어려운 형국이 되는 것입니다. 다른 상생하는 납음오행과는 무방한 궁합입니다.

을해乙亥산두화山頭火 돼지띠와 궁합이 맞는 납음오행 띠 - 좋은 궁합
무진戊辰대림목大林木 - 용띠
경오庚午노방토路傍土 - 말띠(백말띠, 庚金은 서방西方 金으로 오색 중 흰색을 나타냄)
무인戊寅성두토城頭土 - 범띠
임오壬午양류목楊柳木 - 말띠
계미癸未양류목楊柳木 - 양띠
병술丙戌옥상토屋上土 - 개띠
정해丁亥옥상토屋上土 - 돼지띠
무술戊戌평지목平地木 - 개띠
경자庚子벽상토壁上土 - 쥐띠
무신戊申대역토大驛土 - 잔나비띠(원숭이띠)
임자壬子상자목桑柘木 - 쥐띠
계축癸丑상자목桑柘木 - 소띠
경신庚申석류목石榴木 - 잔나비띠(원숭이띠)

병자丙子간하수澗下水 쥐띠

병자丙子 간하수澗下水	1936, 1996

바위틈에 적은 양으로 흐르는 물이 土의 극을 두려워하지 않지만, 경오庚午노방토路傍土, 신미辛未노방토路傍土, 무신戊申대역토大驛土, 기유己酉대역토大驛土, 무인戊寅성두토城頭土, 기묘己卯성두토城頭土의 극은 두려워합니다. 이런 납음오행을 만나면, 매사에 의욕이 없고 하는 일에 막힘이 많아 세상을 원망하며 한 평생을 산는 수도 있는 것입니다. 다른 상생하는 납음오행과는 무방한 궁합입니다.

병자丙子간하수澗下水 쥐띠와 궁합이 맞는 납음오행 띠 - 좋은 궁합
갑자甲子해중금海中金 - 쥐띠
을축乙丑해중금海中金 - 소띠
무진戊辰대림목大林木 - 용띠
기사己巳대림목大林木 - 뱀띠
계유癸酉검봉금劍鋒金 - 닭띠
병자丙子간하수澗下水 - 쥐띠
정축丁丑간하수澗下水 - 소띠
신사辛巳백랍금白臘金 - 뱀띠
갑신甲申천중수泉中水 - 잔나비띠(원숭이띠)
계사癸巳장류수長流水 - 뱀띠
무술戊戌평지목平地木 - 개띠
기해己亥평지목平地木 - 돼지띠

신해辛亥차천금釵釧金 - 돼지띠
계축癸丑상자목桑柘木 - 소띠
갑인甲寅대계수大溪水 - 범띠
계해癸亥대해수大海水 - 돼지띠

정축丁丑간하수澗下水 소띠

정축丁丑 간하수澗下水	1937, 1997

바위틈에 적은 양으로 흐르는 물이 土의 극을 두려워하지 않지만, 경오庚午노방토路傍土, 신미辛未노방토路傍土, 무신戊申대역토大驛土, 기유己酉대역토大驛土, 무인戊寅성두토城頭土, 기묘己卯성두토城頭土의 극은 두려워합니다. 이런 납음오행을 만나면, 매사에 의욕이 없고 하는 일에 막힘이 많아 세상을 원망하며 한 평생을 산는 수도 있는 것입니다. 다른 상생하는 납음오행과는 무방한 궁합입니다.

정축丁丑간하수澗下水 소띠와 궁합이 맞는 납음오행 띠 - 좋은 궁합
갑자甲子해중금海中金 - 쥐띠
을축乙丑해중금海中金 - 소띠
기사己巳대림목大林木 - 뱀띠
임신壬申검봉금劍鋒金 - 잔나비띠(원숭이띠)
병자丙子간하수澗下水 - 쥐띠
정축丁丑간하수澗下水 - 소띠
갑신甲申천중수泉中水 - 잔나비띠(원숭이띠)
을유乙酉천중수泉中水 - 닭띠
경인庚寅송백목松柏木 - 범띠
기해己亥평지목平地木 - 돼지띠
임인壬寅금박금金箔金 - 범띠
병오丙午천하수天河水 - 말띠

임자壬子상자목桑柘木 - 쥐띠
갑인甲寅대계수大溪水 - 범띠
을묘乙卯대계수大溪水 - 토끼띠
경신庚申석류목石榴木 - 잔나비띠(원숭이띠)

무인戊寅성두토城頭土 범띠

무인戊寅 성두토城頭土	1938, 1998

단단한 바위 성벽사이에 끼워진 흙이 木의 극을 두려워하지 않지만, 임오壬午양류목楊柳木, 계미癸未양류목楊柳木, 경인庚寅송백목松柏木, 신묘辛卯송백목松柏木, 무진戊辰대림목大林木, 기사己巳대림목大林木의 극은 두려워합니다. 이런 납음오행을 만나면, 자기 자신이 남에게 피해를 보지 않으려 해도 어느새 자신도 모르는 사이에 사기를 당한다든지 불의의 사고나 질병으로 고생하게 되는 것입니다. 다른 상생하는 납음오행과는 무방한 궁합입니다.

무인戊寅성두토城頭土 범띠와 궁합이 맞는 납음오행 띠 - 좋은 궁합

을축乙丑해중금海中金 - 소띠
병인丙寅노중화爐中火 - 범띠
정묘丁卯노중화爐中火 - 토끼띠
경오庚午노방토路傍土 - 말띠(백말띠, 庚金은 서방西方 金으로 오색 중 흰
                          색을 나타냄)
무인戊寅성두토城頭土 - 범띠
기묘己卯성두토城頭土 - 토끼띠
경진庚辰백랍금白臘金 - 용띠
병술丙戌옥상토屋上土 - 개띠
무자戊子벽력화霹靂火 - 쥐띠
기축己丑벽력화霹靂火 - 소띠

경자庚子벽상토壁上土 - 쥐띠
신축辛丑벽상토壁上土 - 소띠
계묘癸卯금박금金箔金 - 토끼띠
경술庚戌차천금釵釧金 - 개띠
병진丙辰사중토沙中土 - 용띠
무오戊午천상화天上火 - 말띠

기묘己卯성두토城頭土 토끼띠

기묘己卯 성두토城頭土	1939, 1999

단단한 바위 성벽사이에 끼워진 흙이 木의 극을 두려워하지 않지만, **임오壬午**양류목楊柳木, **계미癸未**양류목楊柳木, **경인庚寅**송백목松柏木, **신묘辛卯**송백목松柏木, **무진戊辰**대림목大林木, **기사己巳**대림목大林木의 극은 두려워합니다. 이런 납음오행을 만나면, 자기 자신이 남에게 피해를 보지 않으려 해도 어느새 자신도 모르는 사이에 사기를 당한다든지 불의의 사고나 질병으로 고생하게 되는 것입니다. 다른 상생하는 납음오행과는 무방한 궁합입니다.

기묘己卯성두토城頭土 토끼띠와 궁합이 맞는 납음오행 띠 - 좋은 궁합
병인丙寅노중화爐中火 - 범띠
정묘丁卯노중화爐中火 - 토끼띠
신미辛未노방토路傍土 - 양띠
갑술甲戌산두화山頭火 - 개띠
무인戊寅성두토城頭土 - 범띠
기묘己卯성두토城頭土 - 토끼띠
신사辛巳백랍금白臘金 - 뱀띠
병술丙戌옥상토屋上土 - 개띠
정해丁亥옥상토屋上土 - 돼지띠
기축己丑벽력화霹靂火 - 소띠
신축辛丑벽상토壁上土 - 소띠

임인壬寅금박금金箔金 - 범띠
경술庚戌차천금釵釧金 - 개띠
신해辛亥차천금釵釧金 - 돼지띠
정사丁巳사중토沙中土 - 뱀띠
기미己未천상화天上火 - 양띠

경진庚辰백랍금白臘金 용띠

경진庚辰 백랍금白臘金	1940, 2000

비록 연약한 쇠라도 火의 극을 두려워하지 않지만,

무자戊子벽력화霹靂火, 기축己丑벽력화霹靂火, 무오戊午천상화天上火, 기미己未천상화天上火, 병인丙寅노중화爐中火, 정묘丁卯노중화爐中火의 극은 두려워합니다. 이런 납음오행을 만나면, 뜻밖의 재난을 만나 큰 손실을 보거나 몸을 상하여 어려운 생활을 하게 되는 것입니다. 다른 상생하는 납음오행과는 무방한 궁합입니다.

경진庚辰백랍금白臘金 용띠와 궁합이 맞는 납음오행 띠 - 좋은 궁합

경오庚午노방토路傍土 - 말띠(백말띠, 庚金은 서방西方 金으로 오색 중 흰색을 나타냄)

신미辛未노방토路傍土 - 양띠
무인戊寅성두토城頭土 - 범띠
기묘己卯성두토城頭土 - 토끼띠
을유乙酉천중수泉中水 - 닭띠
계사癸巳장류수長流水 - 뱀띠
경자庚子벽상토壁上土 - 쥐띠
정미丁未천하수天河水 - 양띠
무신戊申대역토大驛土 - 잔나비띠(원숭이띠)
기유己酉대역토大驛土 - 닭띠
을묘乙卯대계수大溪水 - 토끼띠
정사丁巳사중토沙中土 - 뱀띠

신사辛巳백랍금白臘金 뱀띠

신사辛巳 백랍금白臘金	1941, 2001

비록 연약한 쇠라도 火의 극을 두려워하지 않지만, 무자戊子벽력화霹靂火, 기축己丑벽력화霹靂火, 무오戊午천상화天上火, 기미己未천상화天上火, 병인丙寅노중화爐中火, 정묘丁卯노중화爐中火의 극은 두려워합니다. 이런 납음오행을 만나면, 뜻밖의 재난을 만나 큰 손실을 보거나 몸을 상하여 어려운 생활을 하게 되는 것입니다. 다른 상생하는 납음오행과는 무방한 궁합입니다.

신사辛巳백랍금白臘金 뱀띠와 궁합이 맞는 납음오행 띠 - 좋은 궁합

경오庚午노방토路傍土 - 말띠(백말띠, 庚金은 서방西方 금金으로 오색 중 흰색을 나타냄)

신미辛未노방토路傍土 - 양띠

병자丙子간하수澗下水 - 쥐띠

무인戊寅성두토城頭土 - 범띠

기묘己卯성두토城頭土 - 토끼띠

임진壬辰장류수長流水 - 용띠

계사癸巳장류수長流水 - 뱀띠

경자庚子벽상토壁上土 - 쥐띠

신축辛丑벽상토壁上土 - 소띠

병오丙午천하수天河水 - 말띠

기유己酉대역토大驛土 - 닭띠

병진丙辰사중토沙中土 - 용띠

임오壬午양류목楊柳木 말띠

임오壬午 양류목楊柳木	1942, 2002

　유연한 버드나무가 金의 극을 두려워하지 않지만,
임신壬申검봉금劍鋒金, 계유癸酉검봉금劍鋒金의 극은 두려워합니다. 이런 납음오행을 만나면, 아무리 재주가 뛰어나 세상일을 두려워하지 않는다하여도 한번의 실수가 큰 고통과 불행을 가져다 줄 수 있는 것입니다. 경거망동하는 마음이 발동하여 결국 패가망신하게 되는 것입니다. 다른 상생하는 납음오행과는 무방한 궁합입니다.

임오壬午양류목楊柳木 말띠와 궁합이 맞는 납음오행 띠 - 좋은 궁합
갑술甲戌산두화山頭火 - 개띠
을해乙亥산두화山頭火 - 돼지띠
갑신甲申천중수泉中水 - 잔나비띠(원숭이띠)
을유乙酉천중수泉中水 - 닭띠
임진壬辰장류수長流水 - 용띠
계사癸巳장류수長流水 - 뱀띠
정유丁酉산하화山下火 - 닭띠
갑진甲辰복등화復燈火 - 용띠
을사乙巳복등화復燈火 - 뱀띠
정미丁未천하수天河水 - 양띠
갑인甲寅대계수大溪水 - 범띠
기미己未천상화天上火 - 양띠
임술壬戌대해수大海水 - 개띠
계해癸亥대해수大海水 - 돼지띠

계미癸未양류목楊柳木 양띠

계미癸未 양류목楊柳木	1943, 2003

유연한 버드나무가 金의 극을 두려워하지 않지만, **임신壬申검봉금劒鋒金, 계유癸酉검봉금劒鋒金**의 극은 두려워합니다. 이런 납음오행을 만나면, 아무리 재주가 뛰어나 세상일을 두려워하지 않는다하여도 한번의 실수가 큰 고통과 불행을 가져다 줄 수 있는 것입니다. 경거망동하는 마음이 발동하여 결국 패가망신하게 되는 것입니다. 다른 상생하는 납음오행과는 무방한 궁합입니다.

계미癸未양류목楊柳木 양띠 궁합이 맞는 납음오행 띠 - 좋은 궁합
을해乙亥산두화山頭火 - 돼지띠
갑신甲申천중수泉中水 - 잔나비띠(원숭이띠)
을유乙酉천중수泉中水 - 닭띠
임진壬辰장류수長流水 - 용띠
계사癸巳장류수長流水 - 뱀띠
병신丙申산하화山下火 - 잔나비띠(원숭이띠)
갑진甲辰복등화復燈火 - 용띠
을사乙巳복등화復燈火 - 뱀띠
병오丙午천하수天河水 - 말띠
을묘乙卯대계수大溪水 - 토끼띠
무오戊午천상화天上火 - 말띠
계해癸亥대해수大海水 - 돼지띠

갑신甲申천중수泉中水 잔나비띠

갑신甲申 천중수泉中水	1944, 2004

끊임없이 샘솟는 물이 土의 극을 두려워하지 않지만,
무인戊寅성두토城頭土, 기묘己卯성두토城頭土, 무신戊申대역토大驛土, 기유己酉대역토大驛土의 극은 두려워합니다. 이런 납음오행을 만나면, 아무리 인내와 끈기가 있다하여도 하는 일에 방해가 많다보니 결국 세상일에 굴복하여 아무것도 할 수 없는 지경에 이르고 마는 나쁜 결과를 가져다 주는 것입니다. 다른 상생하는 납음오행과는 무방한 궁합입니다.

갑신甲申천중수泉中水 잔나비 띠와 궁합이 맞는 납음오행 띠 - 좋은 궁합
갑자甲子해중금海中金 - 쥐띠
을축乙丑해중금海中金 - 소띠
임신壬申검봉금劍鋒金 - 잔나비띠(원숭이띠)
계유癸酉검봉금劍鋒金 - 닭띠
병자丙子간하수澗下水 - 쥐띠
정축丁丑간하수澗下水 - 소띠
임오壬午양류목楊柳木 - 말띠
계미癸未양류목楊柳木 - 양띠
갑신甲申천중수泉中水 - 잔나비띠(원숭이띠)
을유乙酉천중수泉中水 - 닭띠
임진壬辰장류수長流水 - 용띠
갑오甲午사중금沙中金 - 말띠

을미乙未사중금沙中金 - 양띠
기해己亥평지목平地木 - 돼지띠
신축辛丑벽상토壁上土 - 소띠
병오丙午천하수天河水 - 말띠
정미丁未천하수天河水 - 양띠
신해辛亥차천금釵釧金 - 돼지띠
임자壬子상자목桑柘木 - 쥐띠
계축癸丑상자목桑柘木 - 소띠
신유辛酉석류목石榴木 - 닭띠
임술壬戌대해수大海水 - 개띠
계해癸亥대해수大海水 - 돼지띠

을유乙酉천중수泉中水 닭띠

을유乙酉 천중수泉中水	1945, 2005

끊임없이 샘솟는 물이 土의 극을 두려워하지 않지만,

무인戊寅성두토城頭土, 기묘己卯성두토城頭土, 무신戊申대역토大驛土, 기유己酉대역토大驛土의 극은 두려워합니다. 이런 납음오행을 만나면, 아무리 인내와 끈기가 있다하여도 하는 일에 방해가 많다보니 결국 세상일에 굴복하여 아무것도 할 수 없는 지경에 이르고 마는 나쁜 결과를 가져다 주는 것입니다. 다른 상생하는 납음오행과는 무방한 궁합입니다.

을유乙酉천중수泉中水 닭띠와 궁합이 맞는 납음오행 띠 - 좋은 궁합
을축乙丑해중금海中金 - 소띠
무진戊辰대림목大林木 - 용띠
임신壬申검봉금劍鋒金 - 잔나비띠(원숭이띠)
정축丁丑간하수澗下水 - 소띠
경진庚辰백랍금白臘金 - 용띠
임오壬午양류목楊柳木 - 말띠
계미癸未양류목楊柳木 - 양띠
갑신甲申천중수泉中水 - 잔나비띠(원숭이띠)
임진壬辰장류수長流水 - 용띠
계사癸巳장류수長流水 - 뱀띠
갑오甲午사중금沙中金 - 말띠
을미乙未사중금沙中金 - 양띠

무술戊戌평지목平地木 - 개띠
병오丙午천하수天河水 - 말띠
정미丁未천하수天河水 - 양띠
경술庚戌차천금釵釧金 - 개띠
계축癸丑상자목桑柘木 - 소띠
경신庚申석류목石榴木 - 잔나비띠(원숭이띠)
임술壬戌대해수大海水 - 개띠
계해癸亥대해수大海水 - 돼지띠

병술丙戌옥상토屋上土 개띠

병술丙戌 옥상토屋上土	1946, 2006

옥상에 안전하게 있는 흙이니 나무의 침범을 받지 않아 木의 극을 두려워하지 않지만,

경신庚申석류목石榴木, 신유辛酉석류목石榴木의 극은 두려워합니다. 이런 납음오행을 만나면, 서로 간에 이해심이 많다고 하여도 항상 불안하고 초조한 심리적 상태가 되므로 의처증이나 의부증 같은 의심병에 걸리기 쉬워 결국 이별하게 되는 것입니다. 다른 상생하는 납음오행과는 무방한 궁합입니다.

병술丙戌옥상토屋上土 개띠와 궁합이 맞는 납음오행 띠 - 좋은 궁합
갑자甲子해중금海中金 - 쥐띠
병인丙寅노중화爐中火 - 범띠
정묘丁卯노중화爐中火 - 토끼띠
계유癸酉검봉금劍鋒金 - 닭띠
갑술甲戌산두화山頭火 - 개띠
을해乙亥산두화山頭火 - 돼지띠
무인戊寅성두토城頭土 - 범띠
기묘己卯성두토城頭土 - 토끼띠
병술丙戌옥상토屋上土 - 개띠
정해丁亥옥상토屋上土 - 돼지띠
무자戊子벽력화霹靂火 - 쥐띠

갑오甲午사중금沙中金 - 말띠
병신丙申산하화山下火 - 잔나비띠(원숭이띠)
정유丁酉산하화山下火 - 닭띠
계묘癸卯금박금金箔金 - 토끼띠
무신戊申대역토大驛土 - 잔나비띠(원숭이띠)
기유己酉대역토大驛土 - 닭띠
신해辛亥차천금釵釧金 - 돼지띠
갑인甲寅대계수大溪水 - 범띠
을묘乙卯대계수大溪水 - 토끼띠
무오戊午천상화天上火 - 말띠

정해丁亥옥상토屋上土 돼지띠

정해丁亥 옥상토屋上土	1947, 2007

옥상에 안전하게 있는 흙이니 나무의 침범을 받지 않아 木의 극을 두려워하지 않지만,

경신庚申석류목石榴木, 신유辛酉석류목石榴木의 극은 두려워합니다. 이런 납음오행을 만나면, 서로 간에 이해심이 많다고 하여도 항상 불안하고 초조한 심리적 상태가 되므로 의처증이나 의부증 같은 의심병에 걸리기 쉬워 결국 이별하게 되는 것입니다. 다른 상생하는 납음오행과는 무방한 궁합입니다.

정해丁亥옥상토屋上土 돼지띠와 궁합이 맞는 납음오행 띠 - 좋은 궁합

갑자甲子해중금海中金 - 쥐띠
을축乙丑해중금海中金 - 소띠
정묘丁卯노중화爐中火 - 토끼띠
경오庚午노방토路傍土 - 말띠(백말띠, 庚金은 서방西方 金으로 오색 중 흰색을 나타냄)
임신壬申검봉금劍鋒金 - 잔나비띠(원숭이띠)
갑술甲戌산두화山頭火 - 개띠
기묘己卯성두토城頭土 - 토끼띠
병술丙戌옥상토屋上土 - 개띠
무자戊子벽력화霹靂火 - 쥐띠

기축己丑벽력화霹靂火 - 소띠
갑오甲午사중금沙中金 - 말띠
을미乙未사중금沙中金 - 양띠
병신丙申산하화山下火 - 잔나비띠(원숭이띠)
정유丁酉산하화山下火 - 닭띠
경자庚子벽상토壁上土 - 쥐띠
무신戊申대역토大驛土 - 잔나비띠(원숭이띠)
기유己酉대역토大驛土 - 닭띠
경술庚戌차천금釵釧金 - 개띠
무오戊午천상화天上火 - 말띠
기미己未천상화天上火 - 양띠

무자戊子 벽력화霹靂火 쥐띠

무자戊子 벽력화霹靂火	1948, 2008

천상천하 유아독존, 번갯불이 무엇을 두려워하리. 비록 水의 극을 두려워하지 않지만,

병오丙午천하수天河水, 정미丁未천하수天河水의 극은 두려워합니다. 이런 납음오행을 만나면, 서로의 고집으로 인하여 가산이 탕진되고 사업이 쇠퇴하여 결국 파산하여 이별하게 되는 것입니다. 다른 상생하는 납음오행과는 무방한 궁합입니다.

무자戊子벽력화霹靂火 쥐띠와 궁합이 맞는 납음오행 띠 - 좋은 궁합
무진戊辰대림목大林木 - 용띠
기사己巳대림목大林木 - 뱀띠
무인戊寅성두토城頭土 - 범띠
병술丙戌옥상토屋上土 - 개띠
정해丁亥옥상토屋上土 - 돼지띠
경인庚寅송백목松柏木 - 범띠
무술戊戌평지목平地木 - 개띠
기해己亥평지목平地木 - 돼지띠
경자庚子벽상토壁上土 - 쥐띠
신축辛丑벽상토壁上土 - 소띠
무신戊申대역토大驛土 - 잔나비띠(원숭이띠)
계축癸丑상자목桑柘木 - 소띠

병진丙辰사중토沙中土 - 용띠
정사丁巳사중토沙中土 - 뱀띠
경신庚申석류목石榴木 - 잔나비띠(원숭이띠)

기축己丑벽력화霹靂火 소띠

기축己丑 벽력화霹靂火	1949, 2009

 천상천하 유아독존, 번갯불이 무엇을 두려워하리. 비록 水의 극을 두려워하지 않지만,
 병오丙午천하수天河水, 정미丁未천하수天河水의 극은 두려워합니다. 이런 납음오행을 만나면, 서로의 고집으로 인하여 가산이 탕진되고 사업이 쇠퇴하여 결국 파산하여 이별하게 되는 것입니다. 다른 상생하는 납음오행과는 무방한 궁합입니다.

 기축己丑벽력화霹靂火 소띠와 궁합이 맞는 납음오행 띠 - 좋은 궁합
 기사己巳대림목大林木 - 뱀띠
 무인戊寅성두토城頭土 - 범띠
 기묘己卯성두토城頭土 - 토끼띠
 정해丁亥옥상토屋上土 - 돼지띠
 경인庚寅송백목松柏木 - 범띠
 신묘辛卯송백목松柏木 - 토끼띠
 기해己亥평지목平地木 - 돼지띠
 경자庚子벽상토壁上土 - 쥐띠
 신축辛丑벽상토壁上土 - 소띠
 무신戊申대역토大驛土 - 잔나비띠(원숭이띠)
 기유己酉대역토大驛土 - 닭띠
 임자壬子상자목桑柘木 - 쥐띠

정사丁巳사중토沙中土 - 뱀띠
경신庚申석류목石榴木 - 잔나비띠(원숭이띠)
신유辛酉석류목石榴木 - 닭띠

경인庚寅송백목松柏木 범띠

경인庚寅 송백목松柏木	1950, 2010

낙락장송이 金의 극을 두려워하지 않지만, **임신壬申검봉금劍鋒金**, **계유癸酉검봉금劍鋒金**의 극은 두려워합니다. 이런 납음오행을 만나면, 인격적인 수준이 맞지 않거나, 너무 다른 성격 차이로 인하여 다툼이 많아지고 결국 이별하게 되는 것입니다. 다른 상생하는 납음오행과는 무방한 궁합입니다.

경인庚寅송백목松柏木 범띠와 궁합이 맞는 납음오행 띠 - 좋은 궁합
정묘丁卯노중화爐中火 - 토끼띠
정축丁丑간하수澗下水 - 소띠
무자戊子벽력화霹靂火 - 쥐띠
기축己丑벽력화霹靂火 - 소띠
임진壬辰장류수長流水 - 용띠
정유丁酉산하화山下火 - 닭띠
을묘乙卯대계수大溪水 - 토끼띠
무오戊午천상화天上火 - 말띠
임술壬戌대해수大海水 - 개띠

신묘辛卯송백목松柏木 토끼띠

신묘辛卯 송백목松柏木	1951, 2011

낙락장송이 金의 극을 두려워하지 않지만, **임신壬申검봉금劍鋒金, 계유癸酉검봉금劍鋒金**의 극은 두려워합니다. 이런 납음오행을 만나면, 인격적인 수준이 맞지 않거나, 너무 다른 성격 차이로 인하여 다툼이 많아지고 결국 이별하게 되는 것입니다. 다른 상생하는 납음오행과는 무방한 궁합입니다.

신묘辛卯송백목松柏木 토끼띠와 궁합이 맞는 납음오행 띠 - 좋은 궁합
병인丙寅노중화爐中火 - 범띠
갑술甲戌산두화山頭火 - 개띠
무자戊子벽력화霹靂火 - 쥐띠
기축己丑벽력화霹靂火 - 소띠
계사癸巳장류수長流水 - 뱀띠
갑인甲寅대계수大溪水 - 범띠
기미己未천상화天上火 - 양띠
임술壬戌대해수大海水 - 개띠
계해癸亥대해수大海水 - 돼지띠

임진壬辰장류수長流水 용띠

임진壬辰 장류수長流水	1952, 2012

큰 물줄기가 土의 극을 두려워하지 않지만,
경오庚午노방토路傍土, 신미辛未노방토路傍土, 무신戊申대역토大驛土, 기유 기유己酉대역토大驛土, 무인戊寅성두토城頭土, 기묘己卯성두토城頭土의 극은 두려워합니다. 이런 납음오행을 만나면, 한 쪽은 고집이 세고, 한 쪽은 따지기를 좋아하여 매사에 막힘이 많아 하는 일이 점점 쇠퇴하여 결국 파산하고 이별하게 되는 것입니다. 다른 상생하는 납음오행과는 무방한 궁합입니다.

임진壬辰장류수長流水 용띠와 궁합이 맞는 납음오행 띠 - 좋은 궁합
갑자甲子해중금海中金 - 쥐띠
기사己巳대림목大林木 - 뱀띠
임신壬申검봉금劍鋒金 - 잔나비띠(원숭이띠)
계유癸酉검봉금劍鋒金 - 닭띠
신사辛巳백랍금白臘金 - 뱀띠
임오壬午양류목楊柳木 - 말띠
계미癸未양류목楊柳木 - 양띠
갑신甲申천중수泉中水 - 잔나비띠(원숭이띠)
을유乙酉천중수泉中水 - 닭띠
경인庚寅송백목松柏木 - 범띠
계사癸巳장류수長流水 - 뱀띠

갑오甲午사중금沙中金 - 말띠
을미乙未사중금沙中金 - 양띠
임인壬寅금박금金箔金 - 범띠
정미丁未천하수天河水 - 양띠
임자壬子상자목桑柘木 - 쥐띠
갑인甲寅대계수大溪水 - 범띠
을묘乙卯대계수大溪水 - 토끼띠
경신庚申석류목石榴木 - 잔나비띠(원숭이띠)
신유辛酉석류목石榴木 - 닭띠

계사癸巳장류수長流水 뱀띠

계사癸巳 장류수長流水	1953, 2013

 큰 물줄기가 土의 극을 두려워하지 않지만,
 경오庚午노방토路傍土, 신미辛未노방토路傍土, 무신戊申대역토大驛土, 기유己酉대역토大驛土, 무인戊寅성두토城頭土, 기묘己卯성두토城頭土의 극은 두려워합니다. 이런 납음오행을 만나면, 한 쪽은 고집이 세고, 한 쪽은 따지기를 좋아하여 매사에 막힘이 많아 하는 일이 점점 쇠퇴하여 결국 파산하고 이별하게 되는 것입니다. 다른 상생하는 납음오행과는 무방한 궁합입니다.

계사癸巳장류수長流水 뱀띠와 궁합이 맞는 납음오행 띠 - 좋은 궁합
갑자甲子해중금海中金 - 쥐띠
을축乙丑해중금海中金 - 소띠
무진戊辰대림목大林木 - 용띠
계유癸酉검봉금劍鋒金 - 닭띠
병자丙子간하수澗下水 - 쥐띠
경진庚辰백랍금白臘金 - 용띠
신사辛巳백랍금白臘金 - 뱀띠
임오壬午양류목楊柳木 - 말띠
계미癸未양류목楊柳木 - 양띠
을유乙酉천중수泉中水 - 닭띠
신묘辛卯송백목松柏木 - 토끼띠

임진壬辰장류수長流水 - 용띠
계사癸巳장류수長流水 - 뱀띠
갑오甲午사중금沙中金 - 말띠
을미乙未사중금沙中金 - 양띠
계묘癸卯금박금金箔金 - 토끼띠
병오丙午천하수天河水 - 말띠
임자壬子상자목桑柘木 - 쥐띠
계축癸丑상자목桑柘木 - 소띠
을묘乙卯대계수大溪水 - 토끼띠
신유辛酉석류목石榴木 - 닭띠

갑오甲午사중금沙中金 말띠

갑오甲午 사중금沙中金	1954, 2014

　모래 속에 섞여 있는 사중금沙中金은 火를 만나면 화극금火剋金이지만 화火를 필요로 합니다.

　다만, 병인丙寅노중화爐中火, 정묘丁卯노중화爐中火의 단련이 있어야만 아름다운 그릇을 만들 수 있는 것입니다. 이런 납음오행을 만나면, 비록 만남의 시작은 장애가 많아 눈물로 세월을 보내지만 종래에는 행복이 보장된 만남이므로 끈기와 인내로써 어려움을 극복한다면 반드시 빛을 보는 궁합입니다.

갑오甲午사중금沙中金 말띠와 궁합이 맞는 납음오행 띠 - 좋은 궁합
신미辛未노방토路傍土 - 양띠
갑신甲申천중수泉中水 - 잔나비띠(원숭이띠)
을유乙酉천중수泉中水 - 닭띠
병술丙戌옥상토屋上土 - 개띠
정해丁亥옥상토屋上土 - 돼지띠
임진壬辰장류수長流水 - 용띠
계사癸巳장류수長流水 - 뱀띠
정미丁未천하수天河水 - 양띠
기유己酉대역토大驛土 - 닭띠
병진丙辰사중토沙中土 - 용띠
정사丁巳사중토沙中土 - 뱀띠
임술壬戌대해수大海水 - 개띠
계해癸亥대해수大海水 - 돼지띠

을미乙未사중금沙中金 양띠

을미乙未 사중금沙中金	1955, 2015

　모래 속에 섞여 있는 사중금沙中金은 火를 만나면 화극금火剋金이지만 화火를 필요로 합니다.

　다만, 병인丙寅노중화爐中火, 정묘丁卯노중화爐中火의 단련이 있어야만 아름다운 그릇을 만들 수 있는 것입니다. 이런 납음오행을 만나면, 비록 만남의 시작은 장애가 많아 눈물로 세월을 보내지만 종래에는 행복이 보장된 만남이므로 끈기와 인내로써 어려움을 극복한다면 반드시 빛을 보는 궁합입니다.

을미乙未사중금沙中金 양띠와 궁합이 맞는 납음오행 띠 - 좋은 궁합
경오庚午노방토路傍土 - 말띠(백말띠, 庚金은 서방西方 金으로 오색 중 흰색을 나타냄)
갑신甲申천중수泉中水 - 잔나비띠(원숭이띠)
을유乙酉천중수泉中水 - 닭띠
정해丁亥옥상토屋上土 - 돼지띠
임진壬辰장류수長流水 - 용띠
계사癸巳장류수長流水 - 뱀띠
병오丙午천하수天河水 - 말띠
정미丁未천하수天河水 - 양띠
무신戊申대역토大驛土 - 잔나비띠(원숭이띠)
을묘乙卯대계수大溪水 - 토끼띠

병진丙辰사중토沙中土 - 용띠
정사丁巳사중토沙中土 - 뱀띠
계해癸亥대해수大海水 - 돼지띠

병신丙申산하화山下火 잔나비띠

병신丙申 산하화山下火	1956, 2016

산 아래에 오막불인 산하화山下火는 水를 만나면 수극화水剋火이지만 水를 필요로 합니다.

다만, 병오丙午천하수天河水, 정미丁未천하수天河水, 갑인甲寅대계수大溪水, 을묘乙卯대계수大溪水, 임술壬戌대해수大海水, 계해癸亥대해수大海水의 극은 두려워합니다. 이런 납음오행을 만나면, 서로 간에 뜻을 펼치기 어렵고 가족이 흩어지고 재산이 탕진되어 유리방황하게 되는 것입니다. 다른 상생하는 납음오행과는 무방한 궁합입니다.

병신丙申산하화山下火 잔나비띠와 궁합이 맞는 납음오행 띠 - 좋은 궁합
무진戊辰대림목大林木 - 용띠
신미辛未노방토路傍土 - 양띠
계미癸未양류목楊柳木 - 양띠
병술丙戌옥상토屋上土 - 개띠
정해丁亥옥상토屋上土 - 돼지띠
무술戊戌평지목平地木 - 개띠
기해己亥평지목平地木 - 돼지띠
신축辛丑벽상토壁上土 - 소띠
무신戊申대역토大驛土 - 잔나비띠(원숭이띠)
기유己酉대역토大驛土 - 닭띠
계축癸丑상자목桑柘木 - 소띠
병진丙辰사중토沙中土 - 용띠
신유辛酉석류목石榴木 - 닭띠

정유丁酉산하화山下火 닭띠

정유丁酉 산하화山下火	1957, 2017

산 아래에 오막불인 산하화山下火는 水를 만나면 수극화水剋火이지만 수水를 필요로 합니다.

다만, 병오丙午천하수天河水, 정미丁未천하수天河水, 갑인甲寅대계수大溪水, 을묘乙卯대계수大溪水, 임술壬戌대해수大海水, 계해癸亥대해수大海水의 극은 두려워합니다. 이런 납음오행을 만나면, 서로 간에 뜻을 펼치기 어렵고 가족이 흩어지고 재산이 탕진되어 유리방황하게 되는 것입니다. 다른 상생하는 납음오행과는 무방한 궁합입니다.

정유丁酉산하화山下火 닭띠와 궁합이 맞는 납음오행 띠 - 좋은 궁합
무진戊辰대림목大林木 - 용띠
기사己巳대림목大林木 - 뱀띠
경오庚午노방토路傍土 - 말띠(백말띠, 庚金은 서방西方 金으로 오색 중 흰 색을 나타냄)
임오壬午양류목楊柳木 - 말띠
병술丙戌옥상토屋上土 - 개띠
정해丁亥옥상토屋上土 - 돼지띠
무술戊戌평지목平地木 - 개띠
기해己亥평지목平地木 - 돼지띠
무신戊申대역토大驛土 - 잔나비띠(원숭이띠)
병진丙辰사중토沙中土 - 용띠
정사丁巳사중토沙中土 - 뱀띠
경신庚申석류목石榴木 - 잔나비띠(원숭이띠)

무술戊戌평지목平地木 개띠

무술戊戌 평지목平地木	1958, 2018

평지에 꿋꿋이 서있는 나무인 평지목平地木은 금을 만나면 금극목金剋木이지만 금金을 필요로 합니다.

다만, 임신壬申검봉금劍鋒金, 계유癸酉검봉금劍鋒金의 극은 두려워합니다. 이런 납음오행을 만나면, 서로가 지나친 자존심을 내세우다가 다툼이 잦아지며 결국은 쓸데없는 자존심 때문에 이별의 아픔을 맛보게 되는 것입니다. 다른 상생하는 납음오행과는 무방한 궁합입니다.

무술戊戌평지목平地木 개띠와 궁합이 맞는 납음오행 띠 - 좋은 궁합
병인丙寅노중화爐中火 - 범띠
정묘丁卯노중화爐中火 - 토끼띠
을해乙亥산두화山頭火 - 돼지띠
병자丙子간하수澗下水 - 쥐띠
을유乙酉천중수泉中水 - 닭띠
무자戊子벽력화霹靂火 - 쥐띠
병신丙申산하화山下火 - 잔나비띠(원숭이띠)
정유丁酉산하화山下火 - 닭띠
병오丙午천하수天河水 - 말띠
을묘乙卯대계수大溪水 - 토끼띠
무오戊午천상화天上火 - 말띠
계해癸亥대해수大海水 - 돼지띠

기해己亥평지목平地木 돼지띠

기해己亥 평지목平地木	1959, 2019

평지에 꿋꿋이 서있는 나무인 평지목平地木은 금을 만나면 금극목金剋木이지만 금金을 필요로 합니다.

다만, 임신壬申검봉금劍鋒金, 계유癸酉검봉금劍鋒金의 극은 두려워합니다. 이런 납음오행을 만나면, 서로가 지나친 자존심을 내세우다가 다툼이 잦아지며 결국은 쓸데없는 자존심 때문에 이별의 아픔을 맛보게 되는 것입니다. 다른 상생하는 납음오행과는 무방한 궁합입니다.

기해己亥평지목平地木 돼지띠와 궁합이 맞는 납음오행 띠 - 좋은 궁합
정묘丁卯노중화爐中火 - 토끼띠
갑술甲戌산두화山頭火 - 개띠
병자丙子간하수澗下水 - 쥐띠
정축丁丑간하수澗下水 - 소띠
갑신甲申천중수泉中水 - 잔나비띠(원숭이띠)
무자戊子벽력화霹靂火 - 쥐띠
기축己丑벽력화霹靂火 - 소띠
병신丙申산하화山下火 - 잔나비띠(원숭이띠)
정유丁酉산하화山下火 - 닭띠
병오丙午천하수天河水 - 말띠
정미丁未천하수天河水 - 양띠
무오戊午천상화天上火 - 말띠
기미己未천상화天上火 - 양띠
임술壬戌대해수大海水 - 개띠

경자庚子벽상토壁上土 쥐띠

경자庚子 벽상토壁上土	1960, 2020

담벼락에 안전하게 발라진 흙이 木의 극을 두려워하지 않지만, 임오壬午양류목楊柳木, 계미癸未양류목楊柳木, 경인庚寅송백목松柏木, 신묘辛卯송백목松柏木, 경신庚申석류목石榴木, 신유辛酉석류목石榴木의 극은 두려워합니다. 이런 납음오행을 만나면, 꼼꼼하고 치밀한 사람이 백수건달을 만난 격이니 생활고에 시달리는 그 답답함이야 이루 말할 수 없는 궁합입니다. 경제적인 이유로 이별을 할 수 있는 것입니다. 다른 상생하는 납음오행과는 무방한 궁합입니다.

경자庚子벽상토壁上土 쥐띠와 궁합이 맞는 납음오행 띠 - 좋은 궁합
을축乙丑해중금海中金 - 소띠
임신壬申검봉금劍鋒金 - 잔나비띠(원숭이띠)
을해乙亥산두화山頭火 - 돼지띠
무인戊寅성두토城頭土 - 범띠
신사辛巳백랍금白臘金 - 뱀띠
정해丁亥옥상토屋上土 - 돼지띠
무자戊子벽력화霹靂火 - 쥐띠
기축己丑벽력화霹靂火 - 소띠
신축辛丑벽상토壁上土 - 소띠
임인壬寅금박금金箔金 - 범띠
을사乙巳복등화復燈火 - 뱀띠

무신戊申대역토大驛土 - 잔나비띠(원숭이띠)
신해辛亥차천금釵釧金 - 돼지띠
정사丁巳사중토沙中土 - 뱀띠

신축辛丑벽상토壁上土 소띠

| 신축辛丑
벽상토壁上土 | 1901, 1961 |

담벼락에 안전하게 발라진 흙이 木의 극을 두려워하지 않지만, **임오**壬午양류목楊柳木, **계미**癸未양류목楊柳木, **경인**庚寅송백목松柏木, **신묘**辛卯송백목松柏木, **경신**庚申석류목石榴木, **신유**辛酉석류목石榴木의 극은 두려워합니다. 이런 납음오행을 만나면, 꼼꼼하고 치밀한 사람이 백수건달을 만난 격이니 생활고에 시달리는 그 답답함이야 이루 말할 수 없는 궁합입니다. 경제적인 이유로 이별을 할 수 있는 것입니다. 다른 상생하는 납음오행과는 무방한 궁합입니다.

신축辛丑벽상토壁上土 소띠와 궁합이 맞는 납음오행 띠 - 좋은 궁합
갑자甲子해중금海中金 - 쥐띠
병인丙寅노중화爐中火 - 범띠
임신壬申검봉금劍鋒金 - 잔나비띠(원숭이띠)
계유癸酉검봉금劍鋒金 - 닭띠
무인戊寅성두토城頭土 - 범띠
기묘己卯성두토城頭土 - 토끼띠
신사辛巳백랍금白臘金 - 뱀띠
무자戊子벽력화霹靂火 - 쥐띠
기축己丑벽력화霹靂火 - 소띠
병신丙申산하화山下火 - 잔나비띠(원숭이띠)
경자庚子벽상토壁上土 - 쥐띠

신축辛丑벽상토壁上土 - 소띠
임인壬寅금박금金箔金 - 범띠
계묘癸卯금박금金箔金 - 토끼띠
무신戊申대역토大驛土 - 잔나비띠(원숭이띠)
기유己酉대역토大驛土 - 닭띠
신해辛亥차천금釵釧金 - 돼지띠
무오戊午천상화天上火 - 말띠

임인壬寅금박금金箔金 범띠

임인壬寅 금박금金箔金	1902, 1962

금박, 은박이 火의 극을 두려워하지 않지만,

병인丙寅노중화爐中火, **정묘丁卯**노중화爐中火, **무오戊午**천상화天上火, **기미己未**천상화天上火, **무자戊子**벽력화霹靂火, **기축己丑**벽력화霹靂火의 극은 두려워합니다. 이런 납음오행을 만나면, 자신의 능력을 상대방에 의하여 무참히 짓밟히는 형국이니, 서로 간에 도움이 되지 않는 궁합입니다. 아무리 뛰어난 사람이라도 이렇게 만나면 힘을 못 쓰게 되는 것입니다. 병오丙午천하수天河水 - 정미丁未천하수天河水를 만나도 서로 도움이 되지 않습니다. 다른 상생하는 납음오행과는 무방한 궁합입니다.

임인壬寅금박금金箔金 범띠와 궁합이 맞는 납음오행 띠 - 좋은 궁합
경오庚午노방토路傍土 - 말띠(백말띠, 庚金은 서방西方 金으로 오색 중 흰색을 나타냄)
정축丁丑간하수澗下水 - 소띠
기묘己卯성두토城頭土 - 토끼띠
임진壬辰장류수長流水 - 용띠
경자庚子벽상토壁上土 - 쥐띠
신축辛丑벽상토壁上土 - 소띠
갑인甲寅대계수大溪水 - 범띠
을묘乙卯대계수大溪水 - 토끼띠
임술壬戌대해수大海水 - 개띠

계묘癸卯금박금金箔金 토끼띠

계묘癸卯 금박금金箔金	1903, 1963

금박, 은박이 火의 극을 두려워하지 않지만,

병인丙寅노중화爐中火, 정묘丁卯노중화爐中火, 무오戊午천상화天上火, 기미 己未천상화天上火, 무자戊子벽력화霹靂火, 기축己丑벽력화霹靂火의 극은 두려워합니다. 이런 납음오행을 만나면, 자신의 능력을 상대방에 의하여 무참히 짓밟히는 형국이니, 서로 간에 도움이 되지 않는 궁합입니다. 아무리 뛰어난 사람이라도 이렇게 만나면 힘을 못 쓰게 되는 것입니다. 병오丙午천하수天河水 - 정미丁未천하수天河水를 만나도 서로 도움이 되지 않습니다. 다른 상생하는 납음오행과는 무방한 궁합입니다.

계묘癸卯금박금金箔金 토끼띠와 궁합이 맞는 납음오행 띠 - 좋은 궁합
신미辛未노방토路傍土 - 양띠
무인戊寅성두토城頭土 - 범띠
병술丙戌옥상토屋上土 - 개띠
계사癸巳장류수長流水 - 뱀띠
경자庚子벽상토壁上土 - 쥐띠
신축辛丑벽상토壁上土 - 소띠
갑인甲寅대계수大溪水 - 범띠
을묘乙卯대계수大溪水 - 토끼띠
임술壬戌대해수大海水 - 개띠
계해癸亥대해수大海水 - 돼지띠

갑진甲辰복등화復燈火 용띠

갑진甲辰 복등화復燈火	1904, 1964

집안에 안전하게 보호받고 켜져있는 호롱불이 水의 극을 두려워하지 않지만,

임진壬辰장류수長流水, 계사癸巳장류수長流水, 병오丙午천하수天河水, 정미丁未천하수天河水, 갑인甲寅대계수大溪水, 을묘乙卯대계수大溪水, 임술壬戌대해수大海水, 계해癸亥대해수大海水의 극은 두려워합니다. 이런 납음오행을 만나면, 온실 속의 화초가 큰 비바람을 만난 격이니, 뜻밖의 재난을 당하여 패가하는 경우가 되는 것입니다. 다른 상생하는 납음오행과는 무방한 궁합입니다.

갑진甲辰복등화復燈火 용띠와 와 궁합이 맞는 납음오행 띠 - 좋은 궁합
기사己巳대림목大林木 - 뱀띠
신미辛未노방토路傍土 - 양띠
임오壬午양류목楊柳木 - 말띠
계미癸未양류목楊柳木 - 양띠
기유己酉대역토大驛土 - 닭띠
임자壬子상자목桑柘木 - 쥐띠
정사丁巳사중토沙中土 - 뱀띠
신유辛酉석류목石榴木 - 닭띠

을사乙巳복등화復燈火 뱀띠

을사乙巳 복등화復燈火	1905, 1965

집안에 안전하게 보호받고 켜져있는 호롱불이 水의 극을 두려워하지 않지만,

임진壬辰장류수長流水, 계사癸巳장류수長流水, 병오丙午천하수天河水, 정미丁未천하수天河水, 갑인甲寅대계수大溪水, 을묘乙卯대계수大溪水, 임술壬戌대해수大海水, 계해癸亥대해수大海水의 극은 두려워합니다. 이런 납음오행을 만나면, 온실 속의 화초가 큰 비바람을 만난 격이니, 뜻밖의 재난을 당하여 패가하는 경우가 되는 것입니다. 다른 상생하는 납음오행과는 무방한 궁합입니다.

을사乙巳복등화復燈火 뱀띠와 궁합이 맞는 납음오행 띠 - 좋은 궁합

무진戊辰대림목大林木 - 용띠

경오庚午노방토路傍土 - 말띠(백말띠, 庚金은 서방西方 金으로 오색 중 흰색을 나타냄)

임오壬午양류목楊柳木 - 말띠

계미癸未양류목楊柳木 - 양띠

경자庚子벽상토壁上土 - 쥐띠

임자壬子상자목桑柘木 - 쥐띠

계축癸丑상자목桑柘木 - 소띠

병진丙辰사중토沙中土 - 용띠

정사丁巳사중토沙中土 - 뱀띠

병오丙午천하수天河水 말띠

병오丙午 천하수天河水	1906, 1966

밤하늘의 은하수가 土의 극을 두려워하지 않지만,

무신戊申대역토大驛土, 기유己酉대역토大驛土의 극은 두려워합니다. 이런 납음오행을 만나면, 은하수가 아무리 빛이 밝다하여도 드넓은 광장을 밝힐 수는 없는 것처럼, 서로 간에 애틋한 정이 있다하여도 강 건너 불구경 하듯이 도움을 줄수도 받을 수도 없는 형국이 되는 것입니다. 다른 상생하는 납음오행과는 무방한 궁합입니다.

병오丙午천하수天河水 말띠와 궁합이 맞는 납음오행 띠 - 좋은 궁합
무진戊辰대림목大林木 - 용띠
기사己巳대림목大林木 - 뱀띠
계유癸酉검봉금劍鋒金 - 닭띠
신사辛巳백랍금白臘金 - 뱀띠
계미癸未양류목楊柳木 - 양띠
계사癸巳장류수長流水 - 뱀띠
을미乙未사중금沙中金 - 양띠
무술戊戌평지목平地木 - 개띠
기해己亥평지목平地木 - 돼지띠
정미丁未천하수天河水 - 양띠
신해辛亥차천금釵釧金 - 돼지띠
갑인甲寅대계수大溪水 - 범띠
신유辛酉석류목石榴木 - 닭띠
계해癸亥대해수大海水 - 돼지띠

정미丁未천하수天河水 양띠

정미丁未 천하수天河水	1907, 1967

밤하늘의 은하수가 土의 극을 두려워하지 않지만,
무신戊申대역토大驛土, **기유己酉대역토大驛土**의 극은 두려워합니다. 이런 납음오행을 만나면, 은하수가 아무리 빛이 밝다하여도 드넓은 광장을 밝힐 수는 없는 것처럼, 서로 간에 애틋한 정이 있다하여도 강 건너 불구경 하듯이 도움을 줄수도 받을 수도 없는 형국이 되는 것입니다. 다른 상생하는 납음오행과는 무방한 궁합입니다.

정미丁未천하수天河水 양띠와 궁합이 맞는 납음오행 띠 - 좋은 궁합
무진戊辰대림목大林木 - 용띠
기사己巳대림목大林木 - 뱀띠
임신壬申검봉금劍鋒金 - 잔나비띠(원숭이띠)
경진庚辰백랍금白臘金 - 용띠
임오壬午양류목楊柳木 - 말띠
갑신甲申천중수泉中水 - 잔나비띠(원숭이띠)
을유乙酉천중수泉中水 - 닭띠
임진壬辰장류수長流水 - 용띠
갑오甲午사중금沙中金 - 말띠
을미乙未사중금沙中金 - 양띠
기해己亥평지목平地木 - 돼지띠
병오丙午천하수天河水 - 말띠

정미丁未천하수天河水 - 양띠
을묘乙卯대계수大溪水 - 토끼띠
경신庚申석류목石榴木 - 잔나비띠(원숭이띠)

무신戊申대역토大驛土 잔나비띠

무신戊申 대역토大驛土	1908, 1968

단단한 광장인 대역토大驛土는 木을 만나면 목극토木剋土이지만 목木을 필요로 합니다.

경인庚寅송백목松柏木, 신묘辛卯송백목松柏木, 무진戊辰대림목大林木, 기사己巳대림목大林木, 경신庚申석류목石榴木, 신유辛酉석류목石榴木의 극은 두려워합니다. 이런 납음오행을 만나면, 마음이 바다와 같이 넓은 마음을 가진 사람이라도 계속되는 상대의 신경질로 인하여 정신적으로 황폐해지게 되는 것입니다. 다른 상생하는 납음오행과는 무방한 궁합입니다.

무신戊申대역토大驛土 잔나비띠와 궁합이 맞는 납음오행 띠 - 좋은 궁합
을축乙丑해중금海中金 - 소띠
경오庚午노방토路傍土 - 말띠(백말띠, 庚金은 서방西方 金으로 오색 중 흰
　　　　　　　　　　　색을 나타냄)
신미辛未노방토路傍土 - 양띠
계유癸酉검봉금劍鋒金 - 닭띠
을해乙亥산두화山頭火 - 돼지띠
경진庚辰백랍금白臘金 - 용띠
병술丙戌옥상토屋上土 - 개띠
정해丁亥옥상토屋上土 - 돼지띠
무자戊子벽력화霹靂火 - 쥐띠

제3장 나의 궁합 보기　169

기축己丑벽력화霹靂火 - 소띠
을미乙未사중금沙中金 - 양띠
병신丙申산하화山下火 - 잔나비띠(원숭이띠)
정유丁酉산하화山下火 - 닭띠
경자庚子벽상토壁上土 - 쥐띠
신축辛丑벽상토壁上土 - 소띠
무신戊申대역토大驛土 - 잔나비띠(원숭이띠)
기유己酉대역토大驛土 - 닭띠
경술庚戌차천금釵釧金 - 개띠
신해辛亥차천금釵釧金 - 돼지띠
병진丙辰사중토沙中土 - 용띠
무오戊午천상화天上火 - 말띠
기미己未천상화天上火 - 양띠

기유己酉대역토大驛土 닭띠

기유己酉 대역토大驛土	1909, 1969

　단단한 광장인 대역토大驛土는 木을 만나면 목극토木剋土이지만 목木을 필요로 합니다.

　경인庚寅송백목松柏木, 신묘辛卯송백목松柏木, 무진戊辰대림목大林木, 기사己巳대림목大林木, 경신庚申석류목石榴木, 신유辛酉석류목石榴木의 극은 두려워합니다. 이런 납음오행을 만나면, 마음이 바다와 같이 넓은 마음을 가진 사람이라도 계속되는 상대의 신경질로 인하여 정신적으로 황폐해지게 되는 것입니다. 다른 상생하는 납음오행과는 무방한 궁합입니다.

기유己酉대역토大驛土 닭띠와 궁합이 맞는 납음오행 띠 - 좋은 궁합
경오庚午노방토路傍土 - 말띠(백말띠, 庚金은 서방西方 金으로 오색 중 흰색을 나타냄)
신미辛未노방토路傍土 - 양띠
임신壬申검봉금劍鋒金 - 잔나비띠(원숭이띠)
갑술甲戌산두화山頭火 - 개띠
경진庚辰백랍금白臘金 - 용띠
신사辛巳백랍금白臘金 - 뱀띠
병술丙戌옥상토屋上土 - 개띠
정해丁亥옥상토屋上土 - 돼지띠
기축己丑벽력화霹靂火 - 소띠

갑오甲午사중금沙中金 - 말띠
병신丙申산하화山下火 - 잔나비띠(원숭이띠)
신축辛丑벽상토壁上土 - 소띠
갑진甲辰복등화復燈火 - 용띠
무신戊申대역토大驛土 - 잔나비띠(원숭이띠)
경술庚戌차천금釵釧金 - 개띠
신해辛亥차천금釵釧金 - 돼지띠
병진丙辰사중토沙中土 - 용띠
정사丁巳사중토沙中土 - 뱀띠
무오戊午천상화天上火 - 말띠
기미己未천상화天上火 - 양띠

경술庚戌차천금釵釧金 개띠

경술庚戌 차천금釵釧金	1910, 1970

   사람 머리에 꽂는 금비녀가 火의 극을 두려워하지 않지만, 병인丙寅노중화爐中火, 정묘丁卯노중화爐中火, 갑술甲戌산두화山頭火, 을해乙亥산두화山頭火, 병신丙申산하화山下火, 정유丁酉산하화山下火의 극은 두려워합니다. 이런 납음오행을 만나면, 세상 풍파를 모르고 자라난 어른이 험난한 바다로 나가는 형국이니 언제 어떻게 재난을 당할지 모르는 형국이 됩니다. 다른 상생하는 납음오행과는 무방한 궁합입니다.

경술庚戌차천금釵釧金 개띠와 궁합이 맞는 납음오행 띠 - 좋은 궁합
무인戊寅성두토城頭土 - 범띠
기묘己卯성두토城頭土 - 토끼띠
을유乙酉천중수泉中水 - 닭띠
정해丁亥옥상토屋上土 - 돼지띠
무신戊申대역토大驛土 - 잔나비띠(원숭이띠)
기유己酉대역토大驛土 - 닭띠
을묘乙卯대계수大溪水 - 토끼띠
임술壬戌대해수大海水 - 개띠
계해癸亥대해수大海水 - 돼지띠

신해辛亥차천금釵釧金 돼지띠

신해辛亥 차천금釵釧金	1911, 1971

사람 머리에 꽂는 금비녀가 火의 극을 두려워하지 않지만, 병인丙寅노중화爐中火, 정묘丁卯노중화爐中火, 갑술甲戌산두화山頭火, 을해乙亥산두화山頭火, 병신丙申산하화山下火, 정유丁酉산하화山下火의 극은 두려워합니다. 이런 납음오행을 만나면, 세상 풍파를 모르고 자라난 어른이 험난한 바다로 나가는 형국이니 언제 어떻게 재난을 당할지 모르는 형국이 됩니다. 다른 상생하는 납음오행과는 무방한 궁합입니다.

신해辛亥차천금釵釧金 돼지띠와 궁합이 맞는 납음오행 띠 - 좋은 궁합
경오庚午노방토路傍土 - 말띠(백말띠, 庚金은 서방西方 金으로 오색 중 흰색을 나타냄)
신미辛未노방토路傍土 - 양띠
병자丙子간하수澗下水 - 쥐띠
기묘己卯성두토城頭土 - 토끼띠
갑신甲申천중수泉中水 - 잔나비띠(원숭이띠)
병술丙戌옥상토屋上土 - 개띠
경자庚子벽상토壁上土 - 쥐띠
신축辛丑벽상토壁上土 - 소띠
병오丙午천하수天河水 - 말띠
무신戊申대역토大驛土 - 잔나비띠(원숭이띠)
기유己酉대역토大驛土 - 닭띠
임술壬戌대해수大海水 - 개띠

임자壬子상자목桑柘木 쥐띠

임자壬子 상자목桑柘木	1912, 1972

뽕나무가 웬만한 金의 극을 두려워하지 않지만,

임신壬申검봉금劍鋒金, 계유癸酉검봉금劍鋒金의 극은 두려워합니다. 이런 납음오행을 만나면, 뽕나무가 도끼에 잘려나가는 형국이니 서로의 만남은 만나서는 안 될 사이인 것입니다. 불구가 된다든지, 단명 한다든지, 불의의 사고를 당하는 수가 있습니다. 다른 상생하는 납음오행과는 무방한 궁합입니다.

임자壬子상자목桑柘木 쥐띠와 궁합이 맞는 납음오행 띠 - 좋은 궁합
갑술甲戌산두화山頭火 - 개띠
을해乙亥산두화山頭火 - 돼지띠
정축丁丑간하수澗下水 - 소띠
갑신甲申천중수泉中水 - 잔나비띠(원숭이띠)
기축己丑벽력화霹靂火 - 소띠
임진壬辰장류수長流水 - 용띠
계사癸巳장류수長流水 - 뱀띠
갑진甲辰복등화復燈火 - 용띠
을사乙巳복등화復燈火 - 뱀띠
갑인甲寅대계수大溪水 - 범띠
임술壬戌대해수大海水 - 개띠
계해癸亥대해수大海水 - 돼지띠

계축癸丑상자목桑柘木 소띠

| 계축癸丑
상자목桑柘木 | 1913, 1973 |

뽕나무가 웬만한 金의 극을 두려워하지 않지만,

임신壬申검봉금劍鋒金, **계유癸酉검봉금劍鋒金**의 극은 두려워합니다. 이런 납음오행을 만나면, 뽕나무가 도끼에 잘려나가는 형국이니 서로의 만남은 만나서는 안 될 사이인 것입니다. 불구가 된다든지, 단명 한다든지, 불의의 사고를 당하는 수가 있습니다. 다른 상생하는 납음오행과는 무방한 궁합입니다.

계축癸丑상자목桑柘木 소띠와 궁합이 맞는 납음오행 띠 - 좋은 궁합
병인丙寅노중화爐中火 - 범띠
을해乙亥산두화山頭火 - 돼지띠
병자丙子간하수澗下水 - 쥐띠
갑신甲申천중수泉中水 - 잔나비띠(원숭이띠)
을유乙酉천중수泉中水 - 닭띠
무자戊子벽력화霹靂火 - 쥐띠
계사癸巳장류수長流水 - 뱀띠
병신丙申산하화山下火 - 잔나비띠(원숭이띠)
을사乙巳복등화復燈火 - 뱀띠
병오丙午천하수天河水 - 말띠
갑인甲寅대계수大溪水 - 범띠
을묘乙卯대계수大溪水 - 토끼띠
계해癸亥대해수大海水 - 돼지띠

갑인甲寅대계수大溪水 범띠

갑인甲寅 대계수大溪水	1914, 1974

큰 계곡의 물은 土의 극을 두려워하지 않지만, 무신戊申대역토大驛土, 기유己酉대역토大驛土의 극은 두려워합니다. 이런 납음오행을 만나면, 물줄기가 가로 막히는 형국이니, 매사에 막힘이 많고 사사건건 불화가 잦으며 질병을 얻기 쉬운 궁합입니다. 다른 상생하는 납음오행과는 무방한 궁합입니다.

갑인甲寅대계수大溪水 범띠와 궁합이 맞는 납음오행 띠 - 좋은 궁합
갑자甲子해중금海中金 - 쥐띠
을축乙丑해중금海中金 - 소띠
병자丙子간하수澗下水 - 쥐띠
정축丁丑간하수澗下水 - 소띠
임오壬午양류목楊柳木 - 말띠
갑신甲申천중수泉中水 - 잔나비띠(원숭이띠)
신묘辛卯송백목松柏木 - 토끼띠
임진壬辰장류수長流水 - 용띠
갑오甲午사중금沙中金 - 말띠
임인壬寅금박금金箔金 - 범띠
계묘癸卯금박금金箔金 - 토끼띠
병오丙午천하수天河水 - 말띠
임자壬子상자목桑柘木 - 쥐띠

계축癸丑상자목桑柘木 - 소띠
갑인甲寅대계수大溪水 - 범띠
을묘乙卯대계수大溪水 - 토끼띠
임술壬戌대해수大海水 - 개띠

을묘乙卯대계수大溪水 토끼띠

을묘乙卯 대계수大溪水	1915, 1975

큰 계곡의 물은 土의 극을 두려워하지 않지만, 무신戊申대역토大驛土, 기유己酉대역토大驛土의 극은 두려워합니다. 이런 납음오행을 만나면, 물줄기가 가로 막히는 형국이니, 매사에 막힘이 많고 사사건건 불화가 잦으며 질병을 얻기 쉬운 궁합입니다. 다른 상생하는 납음오행과는 무방한 궁합입니다.

을묘乙卯대계수大溪水 토끼띠와 궁합이 맞는 납음오행 띠 - 좋은 궁합
을축乙丑해중금海中金 - 소띠
정축丁丑간하수澗下水 - 소띠
계미癸未양류목楊柳木 - 양띠
경인庚寅송백목松柏木 - 범띠
계사癸巳장류수長流水 - 뱀띠
을미乙未사중금沙中金 - 양띠
무술戊戌평지목平地木 - 개띠
임인壬寅금박금金箔金 - 범띠
계묘癸卯금박금金箔金 - 토끼띠
정미丁未천하수天河水 - 양띠
경술庚戌차천금釵釧金 - 개띠
계축癸丑상자목桑柘木 - 소띠
갑인甲寅대계수大溪水 - 범띠

제3장 나의 궁합 보기 179

을묘乙卯대계수大溪水 - 토끼띠
임술壬戌대해수大海水 - 개띠
계해癸亥대해수大海水 - 돼지띠

병진丙辰사중토沙中土 용띠

병진丙辰 사중토沙中土	1916, 1976

　모래에 섞인 흙인 사중토沙中土는 木을 만나면 목극토木剋土이지만 목木을 필요로 합니다.
　다만, 무진戊辰대림목大林木, 기사己巳대림목大林木, 임오壬午양류목楊柳木, 계미癸未양류목楊柳木, 경인庚寅송백목松柏木, 신묘辛卯송백목松柏木, 경신庚申석류목石榴木, 신유辛酉석류목石榴木의 극은 두려워합니다. 이런 납음오행을 만나면, 마음의 안정이 안 되어 불안하며 역마가 발동하여 이곳저곳 방황을 하게 됩니다. 항상 남에게 의존하게 되니 내 것을 가지고 살기가 어렵게 되는 것입니다. 다른 상생하는 납음오행과는 무방한 궁합입니다.

병진丙辰사중토沙中土 용띠와 궁합이 맞는 납음오행 띠 - 좋은 궁합
갑자甲子해중금海中金 - 쥐띠
병인丙寅노중화爐中火 - 범띠
신미辛未노방토路傍土 - 양띠
계유癸酉검봉금劍鋒金 - 닭띠
무인戊寅성두토城頭土 - 범띠
기묘己卯성두토城頭土 - 토끼띠
신사辛巳백랍금白臘金 - 뱀띠
무자戊子벽력화霹靂火 - 쥐띠

갑오甲午사중금沙中金 - 말띠
을미乙未사중금沙中金 - 양띠
병신丙申산하화山下火 - 잔나비띠(원숭이띠)
정유丁酉산하화山下火 - 닭띠
을사乙巳복등화復燈火 - 뱀띠
무신戊申대역토大驛土 - 잔나비띠(원숭이띠)
기유己酉대역토大驛土 - 닭띠
정사丁巳사중토沙中土 - 뱀띠
무오戊午천상화天上火 - 말띠
기미己未천상화天上火 - 양띠

정사丁巳사중토沙中土 뱀띠

정사丁巳 사중토沙中土	1917, 1977

   모래에 섞인 흙인 사중토沙中土는 木을 만나면 목극토木剋土이지만 목木을 필요로 합니다.
   다만, 무진戊辰대림목大林木, 기사己巳대림목大林木, 임오壬午양류목楊柳木, 계미癸未양류목楊柳木, 경인庚寅송백목松柏木, 신묘辛卯송백목松柏木, 경신庚申석류목石榴木, 신유辛酉석류목石榴木의 극은 두려워합니다. 이런 납음오행을 만나면, 마음의 안정이 안 되어 불안하며 역마가 발동하여 이곳저곳 방황을 하게 됩니다. 항상 남에게 의존하게 되니 내 것을 가지고 살기가 어렵게 되는 것입니다. 다른 상생하는 납음오행과는 무방한 궁합입니다.

정사丁巳사중토沙中土 뱀띠와 궁합이 맞는 납음오행 띠 - 좋은 궁합
갑자甲子해중금海中金 - 쥐띠
을축乙丑해중금海中金 - 소띠
정묘丁卯노중화爐中火 - 토끼띠
경오庚午노방토路傍土 - 말띠(백말띠, 庚金은 서방西方 金으로 오색 중 흰
                색을 나타냄)
기묘己卯성두토城頭土 - 토끼띠
경진庚辰백랍금白臘金 - 용띠
무자戊子벽력화霹靂火 - 쥐띠
기축己丑벽력화霹靂火 - 소띠

갑오甲午사중금沙中金 - 말띠
을미乙未사중금沙中金 - 양띠
정유丁酉산하화山下火 - 닭띠
경자庚子벽상토壁上土 - 쥐띠
갑진甲辰복등화復燈火 - 용띠
을사乙巳복등화復燈火 - 뱀띠
기유己酉대역토大驛土 - 닭띠
병진丙辰사중토沙中土 - 용띠
정사丁巳사중토沙中土 - 뱀띠
무오戊午천상화天上火 - 말띠
기미己未천상화天上火 - 양띠

무오戊午천상화天上火 말띠

무오戊午 천상화天上火	1918, 1978

　강렬한 태양인 천상화天上火는 水를 만나면 수극화水剋火이지만 수水를 필요로 합니다.
　다만, **병오**丙午천하수天河水, **정미**丁未천하수天河水의 극은 두려합니다. 이런 납음오행을 만나면, 서로 화합하지 못하여 밤낮으로 다툼이 발생하고 자손이 뿔뿔이 흩어지는 아픔을 겪게 됩니다. 다른 상생하는 납음오행과는 무방한 궁합입니다.

무오戊午천상화天上火 말띠와 궁합이 맞는 납음오행 띠 - 좋은 궁합
무진戊辰대림목大林木 - 용띠
기사己巳대림목大林木 - 뱀띠
신미辛未노방토路傍土 - 양띠
무인戊寅성두토城頭土 - 범띠
계미癸未양류목楊柳木 - 양띠
병술丙戌옥상토屋上土 - 개띠
정해丁亥옥상토屋上土 - 돼지띠
경인庚寅송백목松柏木 - 범띠
무술戊戌평지목平地木 - 개띠
기해己亥평지목平地木 - 돼지띠
무신戊申대역토大驛土 - 잔나비띠(원숭이띠)
기유己酉대역토大驛土 - 닭띠

병진丙辰사중토沙中土 - 용띠
정사丁巳사중토沙中土 - 뱀띠
경신庚申석류목石榴木 - 잔나비띠(원숭이띠)
신유辛酉석류목石榴木 - 닭띠

기미己未천상화天上火 양띠

기미己未 천상화天上火	1919, 1979

강렬한 태양인 천상화天上火는 水를 만나면 수극화水剋火이지만 수水를 필요로 합니다.

다만, 병오丙午천하수天河水, 정미丁未천하수天河水의 극은 두려합니다. 이런 납음오행을 만나면, 서로 화합하지 못하여 밤낮으로 다툼이 발생하고 자손이 뿔뿔이 흩어지는 아픔을 겪게 됩니다. 다른 상생하는 납음오행과는 무방한 궁합입니다.

기미己未천상화天上火 양띠와 궁합이 맞는 납음오행 띠 - 좋은 궁합
무진戊辰대림목大林木 - 용띠
기사己巳대림목大林木 - 뱀띠
경오庚午노방토路傍土 - 말띠(백말띠, 庚金은 서방西方 金으로 오색 중 흰
　　　　　　　　　　　색을 나타냄)
신미辛未노방토路傍土 - 양띠
기묘己卯성두토城頭土 - 토끼띠
임오壬午양류목楊柳木 - 말띠
정해丁亥옥상토屋上土 - 돼지띠
신묘辛卯송백목松柏木 - 토끼띠
기해己亥평지목平地木 - 돼지띠
무신戊申대역토大驛土 - 잔나비띠(원숭이띠)
기유己酉대역토大驛土 - 닭띠

병진丙辰사중토沙中土 - 용띠
정사丁巳사중토沙中土 - 뱀띠
경신庚申석류목石榴木 - 잔나비띠(원숭이띠)
신유辛酉석류목石榴木 - 닭띠

경신庚申석류목石榴木 잔나비띠

경신庚申 석류목石榴木	1920, 1980

석류나무가 金의 극을 두려워하지 않지만,

임신壬申검봉금劍鋒金, 계유癸酉검봉금劍鋒金의 극은 두려워합니다. 이런 납음오행을 만나면, 무슨 일을 하여도 결과를 얻기 어렵고, 잔병치레가 많으며 앞날이 불투명하여 정신적인 고통에 시달릴 수 있게 됩니다. 다른 상생하는 납음오행과는 무방한 궁합입니다.

경신庚申석류목石榴木 잔나비띠와 궁합이 맞는 납음오행 띠 - 좋은 궁합
  을해乙亥산두화山頭火 - 돼지띠
  정축丁丑간하수澗下水 - 소띠
  을유乙酉천중수泉中水 - 닭띠
  무자戊子벽력화霹靂火 - 쥐띠
  기축己丑벽력화霹靂火 - 소띠
  임진壬辰장류수長流水 - 용띠
  정유丁酉산하화山下火 - 닭띠
  정미丁未천하수天河水 - 양띠
  무오戊午천상화天上火 - 말띠
  기미己未천상화天上火 - 양띠
  임술壬戌대해수大海水 - 개띠
  계해癸亥대해수大海水 - 돼지띠

신유辛酉석류목石榴木 닭띠

| 신유辛酉 석류목石榴木 | 1921, 1981 |

석류나무가 金의 극을 두려워하지 않지만,
임신壬申검봉금劍鋒金, 계유癸酉검봉금劍鋒金의 극은 두려워합니다. 이런 납음오행을 만나면, 무슨 일을 하여도 결과를 얻기 어렵고, 잔병치레가 많으며 앞날이 불투명하여 정신적인 고통에 시달릴 수 있게 됩니다. 다른 상생하는 납음오행과는 무방한 궁합입니다.

신유辛酉석류목石榴木 닭띠와 궁합이 맞는 납음오행 띠 - 좋은 궁합
갑술甲戌산두화山頭火 - 개띠
갑신甲申천중수泉中水 - 잔나비띠(원숭이띠)
기축己丑벽력화霹靂火 - 소띠
임진壬辰장류수長流水 - 용띠
계사癸巳장류수長流水 - 뱀띠
병신丙申산하화山下火 - 잔나비띠(원숭이띠)
갑진甲辰복등화復燈火 - 용띠
병오丙午천하수天河水 - 말띠
무오戊午천상화天上火 - 말띠
기미己未천상화天上火 - 양띠
임술壬戌대해수大海水 - 개띠
계해癸亥대해수大海水 - 돼지띠

임술壬戌대해수大海水 개띠

임술壬戌 대해수大海水	1922, 1982

큰 바닷 물인 대해수大海水는 土를 만나면 토극수土剋水이지만 토土를 필요로 합니다.

다만, 무신戊申대역토大驛土, 기유己酉대역토大驛土의 극은 두려워합니다. 이런 납음오행을 만나면, 정신이 혼미해지니 매사 올바른 판단을 할 수 없고, 귀가 얇아져서 남의 말을 듣다가 패가망신하는 궁합이 되는 것입니다. 다른 상생하는 납음오행과는 무방한 궁합입니다.

임술壬戌대해수大海水 개띠와 궁합이 맞는 납음오행 띠 - 좋은 궁합
갑자甲子해중금海中金 - 쥐띠
임신壬申검봉금劍鋒金 - 잔나비띠(원숭이띠)
계유癸酉검봉금劍鋒金 - 닭띠
임오壬午양류목楊柳木 - 말띠
갑신甲申천중수泉中水 - 잔나비띠(원숭이띠)
을유乙酉천중수泉中水 - 닭띠
경인庚寅송백목松柏木 - 범띠
신묘辛卯송백목松柏木 - 토끼띠
갑오甲午사중금沙中金 - 말띠
기해己亥평지목平地木 - 돼지띠
임인壬寅금박금金箔金 - 범띠
계묘癸卯금박금金箔金 - 토끼띠

경술庚戌차천금釵釧金 - 개띠
신해辛亥차천금釵釧金 - 돼지띠
임자壬子상자목桑柘木 - 쥐띠
갑인甲寅대계수大溪水 - 범띠
을묘乙卯대계수大溪水 - 토끼띠
경신庚申석류목石榴木 - 잔나비띠(원숭이띠)
신유辛酉석류목石榴木 - 닭띠
임술壬戌대해수大海水 - 개띠
계해癸亥대해수大海水 - 돼지띠

계해癸亥대해수大海水 돼지띠

계해癸亥 대해수大海水	1923, 1983

　큰 바닷 물인 대해수大海水는 土를 만나면 토극수土剋水이지만 토土를 필요로 합니다.
　다만, 무신戊申대역토大驛土, 기유己酉대역토大驛土의 극은 두려워합니다. 이런 납음오행을 만나면, 정신이 혼미해지니 매사 올바른 판단을 할 수 없고, 귀가 얇아져서 남의 말을 듣다가 패가망신하는 궁합이 되는 것입니다. 다른 상생하는 납음오행과는 무방한 궁합입니다.

계해癸亥대해수大海水 돼지띠와 궁합이 맞는 납음오행 띠 - 좋은 궁합
갑자甲子해중금海中金 - 쥐띠
을축乙丑해중금海中金 - 소띠
임신壬申검봉금劍鋒金 - 잔나비띠(원숭이띠)
계유癸酉검봉금劍鋒金 - 닭띠
병자丙子간하수澗下水 - 쥐띠
임오壬午양류목楊柳木 - 말띠
계미癸未양류목楊柳木 - 양띠
갑신甲申천중수泉中水 - 잔나비띠(원숭이띠)
을유乙酉천중수泉中水 - 닭띠
신묘辛卯송백목松柏木 - 토끼띠
갑오甲午사중금沙中金 - 말띠
을미乙未사중금沙中金 - 양띠

무술戊戌평지목平地木 - 개띠
계묘癸卯금박금金箔金 - 토끼띠
병오丙午천하수天河水 - 말띠
경술庚戌차천금釵釧金 - 개띠
임자壬子상자목桑柘木 - 쥐띠
계축癸丑상자목桑柘木 - 소띠
을묘乙卯대계수大溪水 - 토끼띠
경신庚申석류목石榴木 - 잔나비띠(원숭이띠)
신유辛酉석류목石榴木 - 닭띠
임술壬戌대해수大海水 - 개띠

납음오행운극용불용궁합표納音五行運剋用不用宮合表						
피해야 할 궁합 정리						
갑자甲子 해중금 海中金	火의 극을 두려워하지 않지만, 무오戊午천상화天上火, 기미己未천상화天上火, 무자戊子벽력화霹靂火, 기축己丑벽력화霹靂火의 극은 두려워한다.	갑신甲申 천중수 泉中水	土의 극을 두려워하지 않지만, 무인戊寅성두토城頭土, 기묘己卯성두토城頭土, 무신戊申대역토大驛土, 기유己酉대역토大驛土의 극은 두려워한다.	갑진甲辰 복등화 復燈火	水의 극을 두려워하지 않지만, 임진壬辰장류수長流水, 계사癸巳장류수長流水, 병오丙午천하수天河水, 정미丁未천하수天河水, 갑인甲寅대계수大溪水, 을묘乙卯대계수大溪水, 임술壬戌대해수大海水, 계해癸亥대해수大海水의 극은 두려워한다.
을축乙丑 해중금 海中金		을유乙酉 천중수 泉中水		을사乙巳 복등화 復燈火	
병인丙寅 노중화 爐中火	水의 극을 두려워하지 않지만, 병오丙午천하수天河水, 정미丁未천하수天河水, 임술壬戌대해수大海水, 계해癸亥대해수大海水의 극은 두려워한다.	병술丙戌 옥상토 屋上土	木의 극을 두려워하지 않지만, 경신庚申석류목石榴木, 신유辛酉석류목石榴木의 극은 두려워한다.	병오丙午 천하수 天河水	土의 극을 두려워하지 않지만, 무신戊申대역토大驛土, 기유己酉대역토大驛土의 극은 두려워한다.
정묘丁卯 노중화 爐中火		정해丁亥 옥상토 屋上土		정미丁未 천하수 天河水	
무진戊辰 대림목 大林木	金의 극을 두려워하지 않지만, 임신壬申검봉금劍鋒金, 계유癸酉검봉금劍鋒金의 극은 두려워한다.	무자戊子 벽력화 霹靂火	水의 극을 두려워하지 않지만, 병오丙午천하수天河水, 정미丁未천하수天河水의 극은 두려워한다.	무신戊申 대역토 大驛土	木의 극을 두려워하지 않지만, 경인庚寅송백목松柏木, 신묘辛卯송백목松柏木, 무진戊辰대림목大林木, 기사己巳대림목大林木, 경신庚申석류목石榴木, 신유辛酉석류목石榴木의 극은 두려워한다.
기사己巳 대림목 大林木		기축己丑 벽력화 霹靂火		기유己酉 대역토 大驛土	

납음오행운극용불용궁합표納音五行運剋用不用宮合表
피해야 할 궁합 정리

경오庚午 노방토 路傍土	木의 극을 두려워하지 않지만, 임오壬午양류목楊柳木, 계미癸未양류목楊柳木, 경인庚寅송백목松柏木, 신묘辛卯송백목松柏木 의 극은 두려워한다.	경인庚寅 송백목 松柏木	金의 극을 두려워하지 않지만, 임신壬申검봉금劍鋒金, 계유癸酉검봉금劍鋒金 의 극은 두려워한다.	경술庚戌 차천금 釵釧金	火의 극을 두려워하지 않지만, 병인丙寅노중화爐中火, 정묘丁卯노중화爐中火, 갑술甲戌산두화山頭火, 을해乙亥산두화山頭火, 병신丙申산하화山下火, 정유丁酉산하화山下火 의 극은 두려워한다.
신미辛未 노방토 路傍土		신묘辛卯 송백목 松柏木		신해辛亥 차천금 釵釧金	
임신壬申 검봉금 劍鋒金	火의 극을 두려워하지 않지만, 병인丙寅노중화爐中火, 정묘丁卯노중화爐中火, 무오戊午천상화天上火, 기미己未천상화天上火, 무자戊子벽력화霹靂火, 기축己丑벽력화霹靂火 의 극은 두려워한다.	임진壬辰 장류수 長流水	土의 극을 두려워하지 않지만, 경오庚午노방토路傍土, 신미辛未노방토路傍土, 무신戊申대역토大驛土, 기유己酉대역토大驛土, 무인戊寅성두토城頭土, 기묘己卯성두토城頭土 의 극은 두려워한다.	임자壬子 상자목 桑柘木	金의 극을 두려워하지 않지만, 임신壬申검봉금劍鋒金, 계유癸酉검봉금劍鋒金 의 극은 두려워한다.
계유癸酉 검봉금 劍鋒金		계사癸巳 장류수 長流水		계축癸丑 상자목 桑柘木	
갑술甲戌 산두화 山頭火	水의 극을 두려워하지 않지만, 병오丙午천하수天河水, 정미丁未천하수天河水 의 극은 두려워한다.	갑오甲午 사중금 沙中金	사중금沙中金은 병인丙寅노중화爐中火, 정묘丁卯노중화爐中火의 단련이 있어야만 아름다운 그릇을 만들 수 있는 것이다.	갑인甲寅 대계수 大溪水	土의 극을 두려워하지 않지만, 무신戊申대역토大驛土, 기유己酉대역토大驛土 의 극은 두려워한다.
을해乙亥 산두화 山頭火		을미乙未 사중금 沙中金		을묘乙卯 대계수 大溪水	

납음오행운극용불용궁합표納音五行運剋用不用宮合表 피해야 할 궁합 정리					
병자丙子 간하수 澗下水	土의 극을 두려워하지 않지만, 경오庚午노방토路傍土, 신미辛未노방토路傍土, 무신戊申대역토大驛土,	병신丙申 산하화 山下火	水의 극을 두려워하지 않지만, 병오丙午천하수天河水, 정미丁未천하수天河水, 갑인甲寅대계수大溪水,	병진丙辰 사중토 沙中土	木의 극을 두려워하지 않지만, 무진戊辰대림목大林木, 기사己巳대림목大林木, 임오壬午양류목楊柳木, 계미癸未양류목楊柳木,
정축丁丑 간하수 澗下水	기유己酉대역토大驛土, 무인戊寅성두토城頭土, 기묘己卯성두토城頭土 의 극은 두려워한다.	정유丁酉 산하화 山下火	을묘乙卯대계수大溪水, 임술壬戌대해수大海水, 계해癸亥대해수大海水 의 극은 두려워한다.	정사丁巳 사중토 沙中土	경인庚寅송백목松柏木, 신묘辛卯송백목松柏木, 경신庚申석류목石榴木, 신유辛酉석류목石榴木 의 극은 두려워한다.
무인戊寅 성두토 城頭土	木의 극을 두려워하지 않지만, 임오壬午양류목楊柳木, 계미癸未양류목楊柳木,	무술戊戌 평지목 平地木	金의 극을 두려워하지 않지만, 임신壬申검봉금劒鋒金,	무오戊午 천상화 天上火	水의 극을 두려워하지 않지만,
기묘己卯 성두토 城頭土	경인庚寅송백목松柏木, 신묘辛卯송백목松柏木, 무진戊辰대림목大林木, 기사己巳대림목大林木 의 극은 두려워한다.	기해己亥 평지목 平地木	계유癸酉검봉금劒鋒金 의 극은 두려워한다.	기미己未 천상화 天上火	병오丙午천하수天河水, 정미丁未천하수天河水 의 극은 두려워한다.
경진庚辰 백랍금 白鑞金	火의 극을 두려워하지 않지만, 무자戊子벽력화霹靂火, 기축己丑벽력화霹靂火,	경자庚子 벽상토 壁上土	木의 극을 두려워하지 않지만, 임오壬午양류목楊柳木, 계미癸未양류목楊柳木,	경신庚申 석류목 石榴木	金의 극을 두려워하지 않지만,
신사辛巳 백랍금 白鑞金	무오戊午천상화天上火, 기미己未천상화天上火, 병인丙寅노중화爐中火, 정묘丁卯노중화爐中火 의 극은 두려워한다.	신축辛丑 벽상토 壁上土	경인庚寅송백목松柏木, 신묘辛卯송백목松柏木, 경신庚申석류목石榴木, 신유辛酉석류목石榴木 의 극은 두려워한다.	신유辛酉 석류목 石榴木	임신壬申검봉금劒鋒金, 계유癸酉검봉금劒鋒金 의 극은 두려워한다.

납음오행운극용불용궁합표 納音五行運剋用不用宮合表 피해야 할 궁합 정리						
임오壬午 양류목 楊柳木	金의 극을 두려워하지 않지만, 임신壬申검봉금劍鋒金, 계유癸酉검봉금劍鋒金의 극은 두려워한다.	임인壬寅 금박금 金箔金	火의 극을 두려워하지 않지만, 병인丙寅노중화爐中火, 정묘丁卯노중화爐中火, 무오戊午천상화天上火, 기미己未천상화天上火, 무자戊子벽력화霹靂火, 기축己丑벽력화霹靂火의 극은 두려워한다.	임술壬戌 대해수 大海水	土의 극을 두려워하지 않지만, 무신戊申대역토大驛土, 기유己酉대역토大驛土의 극은 두려워한다.
계미癸未 양류목 楊柳木		계묘癸卯 금박금 金箔金		계해癸亥 대해수 大海水	

※ 예외적으로 서로 상극이 되나 다시 복이 되어 길한 것

검봉금劍鋒金, 사중금沙中金은 화극금火剋金이지만 화火를 필요로 합니다.

천상화天上火, 산하화山下火는 수극화水剋火이지만 수水를 필요로 합니다.

평지목平地木은 금극목金剋木이지만 금金을 필요로 합니다.

대해수大海水는 토극수土剋水이지만 토土를 필요로 합니다.

노방토路傍土, 대역토大驛土, 사중토沙中土는 목극토木剋土이지만 목木을 필요로 합니다.

⑵ 2단계 : 오행의 생극관계 궁합 보기

다음은 ⑴에서 '납음오행운극용불용궁합'에 나열되어진 납음오행 띠에 해당하지 않는 나머지 띠들에 해당하는 사람은 오행의 상극관계를 살펴보아야 합니다.

예를 들어 1968년생의 남자가 1977년생의 여자를 만났다면,
(95페이지와 96페이지의 태세도표를 참고하시오.)

남자는

| 무신戊申
대역토大驛土 | 1908, 1968 |

이고,

여자는

| 정사丁巳
사중토沙中土 | 1917, 1977 |

이 되니,
남자 무신戊申대역토大驛土는 '土'
여자 정사丁巳사중토沙中土는 '土'로써
'남토여토男土女土'가 되니,

아래의 오행 생극 궁합 해설 중 '남토여토男土女土'의 내용을 찾아서 보면 됩니다.

앞서 설명한 '납음오행운극용불용궁합'에 나열된 궁합보다는 좋지 않은 궁합이 됩니다.

납 음 오 행 조 건 표

태세 납음오행	태어난 해	태세 납음오행	태어난 해	태세 납음오행	태어난 해
갑자甲子 해중금 海中金	1924, 1984	갑신甲申 천중수 泉中水	1944, 2004	갑진甲辰 복등화 復燈火	1904, 1964
을축乙丑 해중금 海中金	1925, 1985	을유乙酉 천중수 泉中水	1945, 2005	을사乙巳 복등화 復燈火	1905, 1965
병인丙寅 노중화 爐中火	1926, 1986	병술丙戌 옥상토 屋上土	1946, 2006	병오丙午 천하수 天河水	1906, 1966
정묘丁卯 노중화 爐中火	1927, 1987	정해丁亥 옥상토 屋上土	1947, 2007	정미丁未 천하수 天河水	1907, 1967
무진戊辰 대림목 大林木	1928, 1988	무자戊子 벽력화 霹靂火	1948, 2008	무신戊申 대역토 大驛土	1908, 1968
기사己巳 대림목 大林木	1929, 1989	기축己丑 벽력화 霹靂火	1949, 2009	기유己酉 대역토 大驛土	1909, 1969
경오庚午 노방토 路傍土	1930, 1990	경인庚寅 송백목 松柏木	1950, 2010	경술庚戌 차천금 釵釧金	1910, 1970
신미辛未 노방토 路傍土	1931, 1991	신묘辛卯 송백목 松柏木	1951, 2011	신해辛亥 차천금 釵釧金	1911, 1971
임신壬申 검봉금 劍鋒金	1932, 1992	임진壬辰 장류수 長流水	1952, 2012	임자壬子 상자목 桑柘木	1912, 1972
계유癸酉 검봉금 劍鋒金	1933, 1993	계사癸巳 장류수 長流水	1953, 2013	계축癸丑 상자목 桑柘木	1913, 1973

태세 납음오행	태어난 해	태세 납음오행	태어난 해	태세 납음오행	태어난 해
갑술甲戌 산두화 山頭火	1934, 1994	갑오甲午 사중금 沙中金	1954, 2014	갑인甲寅 대계수 大溪水	1914, 1974
을해乙亥 산두화 山頭火	1935, 1995	을미乙未 사중금 沙中金	1955, 2015	을묘乙卯 대계수 大溪水	1915, 1975
병자丙子 간하수 澗下水	1936, 1996	병신丙申 산하화 山下火	1956, 2016	병진丙辰 사중토 沙中土	1916, 1976
정축丁丑 간하수 澗下水	1937, 1997	정유丁酉 산하화 山下火	1957, 2017	정사丁巳 사중토 沙中土	1917, 1977
무인戊寅 성두토 城頭土	1938, 1998	무술戊戌 평지목 平地木	1958, 2018	무오戊午 천상화 天上火	1918, 1978
기묘己卯 성두토 城頭土	1939, 1999	기해己亥 평지목 平地木	1959, 2019	기미己未 천상화 天上火	1919, 1979
경진庚辰 백랍금 白臘金	1940, 2000	경자庚子 벽상토 壁上土	1960, 2020	경신庚申 석류목 石榴木	1920, 1980
신사辛巳 백랍금 白臘金	1941, 2001	신축辛丑 벽상토 壁上土	1901, 1961	신유辛酉 석류목 石榴木	1921, 1981
임오壬午 양류목 楊柳木	1942, 2002	임인壬寅 금박금 金箔金	1902, 1962	임술壬戌 대해수 大海水	1922, 1982
계미癸未 양류목 楊柳木	1943, 2003	계묘癸卯 금박금 金箔金	1903, 1963	계해癸亥 대해수 大海水	1923, 1983

오행 생극 궁합 해설

남목여목男木女木 - 주실계견격主失鷄犬格

닭을 기르던 사람이 닭을 지키던 개도 잃고, 닭도 잃어버린 격입니다.

하는 일이 잘나가다가도 한 번씩 꺾어지니 매사에 앞날이 불투명합니다. 그러니 평생을 살면서 좋은 일과 나쁜 일이 반복이 되는 형국입니다.

그러나 목부목木扶木(나무끼리 서로 의지가 됨)으로 부부지간은 화목하여 해로할 수 있으니 다행이고, 자손들이 모두 잘되니 그것으로라도 만족하며 살아가는 궁합입니다.

비록 재산은 풍족하지 못하나 평생 식록이 따르니 먹고 입고 자는 걱정은 하지 않을 것입니다. 만일 분수에 넘치는 많은 재산을 가진다면 부부불화요, 자손에게 불리합니다.

남목여수男木女水 - 조변성응격鳥變成鷹格

보잘 것 없는 작은 새가 저 높고 푸른 창공을 나는 매로 변한 격입니다.

비록 처음은 곤고하지만 갈수록 가산이 느는 형국입니다.

처음의 곤고함을 인내하고 지혜롭게 넘긴다면 반드시 성공하는 궁합입니다.

부부의 금슬이 지극히 깊고, 일가친척이 모두 부러워할 정도의 자손이 나오게 됩니다.

수생목으로 상생하니 매사가 순조롭게 이어져 나갈 것입니다. 부부가 함께 장수할 수 있으며 부귀영화를 누려보는 궁합입니다.

남목여화男木女火 - 삼하봉선격三夏逢扇格

삼복더위에 부채를 얻은 격입니다.

목생화하니 만사가 여의롭고 자손이 만당하며 재물이 불처럼 일어나는 형국입니다.

일평생을 의식걱정하지 않고 남에게 베풀며 살아가며 고관대작 부럽지 않은 삶을 살아갈 것입니다. 재앙은 스스로 물러나며 복록이 하루하루 커져가니 가정에 웃음이 그칠날이 없는 궁합입니다.

남목여토男木女土 - 입동재의격入冬裁衣格

엄동설한에 그제 사 겨울옷을 장만하느라 분주한 격입니다.

목극토하니 부부가 화합하지 못하고 서로 의견충돌이 잦아 다툼이 그칠 날이 없는 형국입니다. 일가친척 역시 화합하지 못하고 자손들도 불효하니 가정이 항상 위태한 궁합입니다.

재물은 갈수록 줄어들고 하는 일이 순조롭지 못하여 불안한 마음으로 하루하루를 보내야 하는 궁합입니다.

남목여금男木女金 - 와우부초격臥牛負草格

누워있는 소가 풀을 한 짐 지고 있어 일어나기 힘든 격입니다.

금극목하니 나무가 잘려나가는 형국입니다.

서로 간에 부담스러운 존재가 되니 부부가 소가 닭 보듯 화합하지 못하는 궁합입니다.

재물이 궁핍하여 이곳저곳 얻으러 다니는 형국이니 자발적으로 성공하기 힘든 형국이기도 합니다. 또한 자손이 속을 썩이니 자손으로 인하여 근심이 떠나질 않는 궁합입니다.

남화여목男火女木 - 조변성학격鳥變成鶴格

작고 보잘것없는 새가 변하여 고귀한 학으로 변한 격입니다.

목생화하니 재산이 불 일어나듯이 일어나며 명예가 날로 새로워지는 형국입니다.

자손이 창성하며, 일가친척이 화목하고, 부부가 금슬이 좋아 서로를 위하는 마음이 애틋하니 세상 사람들이 모두 부러워하는 궁합입니다. 마침내는 나라의 동량지목을 배출하여 자손만대에 이름을 남기게 되는 궁합입니다.

남화여수男火女水 - 노각도교격老脚渡橋格

늙은이가 불편한 다리를 이끌고 외나무다리를 건너는 격입니다.

수극화하니 항상 부부지간에 다툼이 있고, 가산이 날이 갈수록 줄어들어 세월을 한탄하며 비탄에 빠져 사는 형국입니다. 자손과 일가친척이 흩어져서 남보다 못한 사이가 되는 궁합입니다. 만일 재산을 많이 가진다면 두 사람 중 한사람이 불의의 사고를 당하여 죽는 수도 있는 형국입니다.

남화여화男火女火 - 용변위어격龍變爲魚格

용이 변하여 하찮은 물고기로 변한 격입니다.

일생을 살면서 모진 풍파를 다 겪고 넘어가야 하는 형국입니다.

부부지간에 서로의 고집을 주장하니 불화가 끊이지 않고, 자손들도 뿔뿔이 흩어져 집안에는 찬바람만 도는 형국입니다. 그리고 항상 화재의 위험이 도사리고 있으니 일평생에 한 번은 화재를 겪고 넘어가야하니 불조심을 해야 할 것입니다.

과욕까지 부린다면 재물은 불붙은 가랑잎처럼 한 순간에 사라지고 말 것입니다.

남화여토男火女土 - 인변성선격人變成仙格

평범한 사람이 신선이 된 격입니다.

화생토하여 상생하니 처음 만남은 곤곤하였으나 갈수록 정이 새롭고 재산이 늘어나며, 자손이 창성하여 부귀영화를 누리게 되는 형국입니다. 부부가 남다른 예지력이 있어 미래를 예견하여 다른 사람들 보다 앞서 나아가니 매사에 실수가 적고 계획한 대로 성취하는 궁합입니다.

많이 베풀고 많이 벌어들이니 세상 사람들이 칭송을 마다하지 않는 좋은 궁합입니다.

남화여금男火女金 - 용실명주격龍失明珠格

승천하려던 용이 여의주를 잃어버린 격입니다.

이미 전생의 인연이 있어 만났지만 서로의 의견 충돌이 잦아 종국에는 이별의 아픔을 겪게 되는 형국입니다. 화극금하니, 비록 처음의 생활은 남부럽지 않은 생활로 출발을 하지만 갈수록 재산이 줄어들고 병마가 찾아와 생사이별을 하게 되며, 자손 갖기가 어렵고 자손이 있다 하여도 불효하는 자손을 두는 궁합입니다.

남토여목男土女木 - 고목봉추격枯木逢秋格

봄을 기다리는 고목이 다시 가을을 맞은 격입니다.

목극토하니 부부가 서로 불화하고, 자손이 흩어지며 재산이 탕진되는 형국입니다.

무슨 일을 하던 뒷받침이 없어 항상 남의 수하에 놀아나야 하는 형국입니다.

구설과 관재수가 몸에 따르니 동분서주하는 생활을 하며 세상을 원망하게 되는 궁합입니다.

만일 부부금슬이 좋다면 두 사람 중의 한 사람은 단명할 수도 있게 됩니다.

남토여수男土女水 - 음주비가격飮酒悲歌格

술을 마시며 슬픈 노래를 부르는 격입니다.

토극수를 당하니 우여곡절 끝에 만나기는 했어도 생활이 곤궁하여 이별 아닌 이별을 하고 살아가야 하는 궁합입니다. 금전의 고통을 벗어나기 위하여 돈이면 무슨 일이든 해야만 하는 어려운 지경에 이르는 형국입니다. 나쁜 운을 만나게 되면 남자나 여자 중 한 사람은 화류계에 몸담아 살아가는 궁합입니다.

남토여화男土女火 - 어변성룡격魚變成龍格

작은 물고기가 변하여 용으로 변한 격입니다.

화생토하니 비록 보잘 것 없는 만남으로 출발을 했지만 날이 갈수록 가산이 늘어나고, 자손이 번창하여 말년에는 부귀영화를 누리며 살아가는 형국입니다.

고진감래라. 처음의 고통은 세상 사람들의 귀감이 될 것이요, 나중은 만인의 존경을 받는 명망있는 인사가 되는 궁합입니다.

남토여토男土女土 - 개화만지격開花滿枝格

나뭇가지 마다 꽃이 만발한 격입니다.

양 쪽의 흙이 서로 섞이어 어울리니 세상만물을 양육하고도 남음이 있는 형국입니다.

부부금슬이 남달리 좋으니 자손이 번창하고 재물이 날로 불어나니 세상이 이를 부러워하는 궁합입니다. 남보다 높은 지위를 가지니 만인을 내려다보고 덕을 베풀며 살아가는 형국입니다. 꽃이 화려한 만큼 찾는 이들이 많으니 항상 분주한 것은 운명입니다.

남토여금男土女金 - 조변성안격鳥變成雁格

작은 새가 변하여 큰 기러기가 된 격입니다.

토생금하니 부부금슬이 남다르며, 자손이 창성하고 부귀영화를 누리는 형국입니다.

세상을 순조롭게 살아나가니 서서히 재산이 늘어나고 명예가 따르는 궁합입니다.

부부가 모두 인정이 많아 만인에게 많은 것을 베푸니 칭송이 자자하고, 만인을 구제하니 옥당에 이름을 남기게 되는 궁합입니다.

남금여목 男金女木 - 유어실수격 游魚失水格

헤엄치던 고기가 물을 잃는 격입니다.

금극목이니 뜻밖의 재난을 당하여 이별을 하는 형국입니다.

화려한 만남이지만 서서히 어려움이 찾아와 재물이 흩어지고 명예가 땅에 떨어져 결국 이별을 하고 마는 궁합입니다. 자손이 불전하여 근심이 끊일 날이 없게 됩니다. 앉은 자리가 항상 불편하여 전전긍긍하는 세월을 보내야 하는 궁합입니다.

남금여수 男金女水 - 사마득태격 駟馬得馱格

네 마리 말이 끄는 빈 수레가 짐을 얻어 안정되게 힘을 발휘하는 격입니다.

금생수하니 비록 세상사가 고달프더라도 부부 합심하여 어려움을 헤쳐 나가니 종래에는 자손이 효도하고 부귀가 찾아오는 대기만성의 궁합입니다.

이는 세상에서 부부를 바라보는 눈을 의식하지 않고 꿋꿋하게 자신들의 길을 걸어가는 결과인 것입니다.

남금여화 男金女火 - 수마중태격 瘦馬重馱格

야위고 병든 말이 감당 못할 무거운 짐을 진 격입니다.

화극금하니 분수에 맞지 않는 배우자를 선택한 결과로 서로의 이상과 꿈을 펼쳐 보지도 못하고 도중하차하는 형국입니다. 만일 끝까지 헤어지지 않고 살려고 한다면 두 사람 중 한사람은 질병이나 사고를 당하여 고통을 당할 수도 있는 궁합입니다. 그로인하여 세상을 원망하는 탄식으로 세월을 보내기도 합니다.

남금여토男金女土 - 선득토목격仙得土木格

　신선이 토목을 얻어 조화를 부리는 격입니다.
　신선이 흙과 나무로 온갖 필요한 것들을 만들어내는 형국이니 재주가 날로 발전하여 아무리 어렵고 험난한 세상살이라도 능히 헤쳐 나가는 형국입니다.
　토생금하니 비록 가진 것 없이 만난 사이라고는 하지만 부부 합심하여 남다른 비상한 재주와 능력을 발휘하여 부와 명예를 거머쥐게 되는 궁합입니다.

남금여금男金女金 - 용변화어격龍變化魚格

　용이 변하여 작은 물고기로 변하는 격입니다.
　금쟁금金爭金하니 서로 잘났다고 주장하여 다툼이 많고 가정불화가 끊이지 않으며, 자손이 불전하고 매사에 불만이 많으니 좋은 결과를 얻지 못하는 형국입니다. 세상사를 얕잡아 보니 남을 업신여기는 마음이 저절로 생겨나 남에게 손가락질 당하는 부부가 되기 쉽습니다. 항상 겸손하고 베푸는 삶을 산다면 액을 면할 수도 있는 궁합입니다.

남수여목男水女木 - 교변위룡격鮫變爲龍格

　실개천의 도롱뇽이 하늘로 승천하는 용으로 변한 격입니다.
　수생목하니 보잘 것 없는 만남이라고 남들은 흉을 보았지만, 날이 갈수록 재물이 쌓이고 가도가 양양하며 자손이 창성하는 형국입니다.
　부부금슬이 좋아 어떠한 고난과 역경에도 굴하지 않고 극복해 나아가니 종래에는 큰 성공을 거두게 되며 부귀영화가 날로 새로운 궁합입니다.

남수여수男水女水 - 병마봉침격病馬逢針格

병든 말이 명의의 침술을 받으니 다시 기력을 회복하는 격입니다.

어려운 처지에서 만났어도 모든 난국을 타개하여 결국 소원성취를 하고야 마는 형국입니다.

어려운 사람끼리 서로 상부상조하니 못할 일이 없고, 고통은 반으로 줄어들고 기쁨은 두 배로 늘어나는 궁합입니다.

정도正道를 걸어가는 보기 드문 부부로서 남들의 부러움을 사는 금슬 좋은 부부의 궁합입니다.

남수여화男水女火 - 화락봉서격花落逢暑格

꽃이 떨어진 난초가 무더운 여름을 만난 격입니다.

수극화하니 물과 불이 만난 형국입니다. 서로 잘 어울리지 않는 상대를 만나 다툼이 많고 억지로 부부의 인연을 이끌어가려는 궁합입니다.

모든 일들이 막힘이 많고 사소한 일에도 의견충돌이 잦으니, 결국 이별을 하게 되는 형국입니다. 남에게 보여지는 모습만 좋게 하려고 노력할 뿐이지 속정이 없어 겉 다르고 속 다른 가정생활로 인하여 결국 파산하고 마는 궁합입니다.

남수여토男水女土 - 만물봉상격萬物逢霜格

만물이 서리를 만난 격입니다.

토극수하니 서로 간에 방해를 하는 형국으로 매사에 막힘이 많고 부부불화가 잦으며, 재물이 흩어지는 궁합입니다. 두 사람 중의 한 사람이 굴복하여야 가정이 화평한데 그렇지 못하니 항상 다툼으로 세월을 보내야하는 형국입니다. 심하면 한 사람이 죽거나 사고를 당할 수도 있는 궁합입니다.

남수여금男水女金 - 삼객봉제격三客逢弟格

먼 길을 가는 나그네 세 명이 아우 같은 귀인을 만난 격입니다.

금생수하니 생활이 점점 풍요로워지고 자손이 창성하며 부귀영화가 날로 새로워지는 형국입니다. 부부 금슬이 남달라 만인의 부러움을 사는 궁합입니다. 남에게 많이 베푸니 매사에 중심 역할을 하게 되어 명예를 얻게 되고 순풍에 돛을 단 듯 일이 저절로 이루어지는 궁합입니다.

《오행궁합 상생상극 조건표》

납음오행에서 자신과 상대방의 오행을 찾아 비교하여 궁합의 길흉을 판단하십시오.

길吉 - 좋음

흉凶 - 나쁨

남＼여	목	화	토	금	수
목	흉	길	흉	흉	길
화	길	흉	길	흉	흉
토	흉	길	길	길	흉
금	흉	흉	길	흉	길
수	길	흉	흉	길	길

2. 구궁법으로 알아보는 궁합

구궁법으로 겉 궁합을 판단해 보는 방법입니다.

남녀관계 이외에도 개인적 대인관계나 회사생활, 거래처의 사업자와의 관계, 채권자와 채무자의 관계 등에 있어서도 납음오행궁합법과 같이 적용해 보면 도움이 될 것입니다.

우리 조상님들께서 많이 애용하시던 궁합법입니다.

먼저 자신이 육십갑자 남녀 구궁표에서 태어난 년도를 찾아 남자나 여자에 해당하는 건乾 - 태兌 - 리離 - 진震 - 손巽 - 감坎 - 간艮 - 곤坤 궁 중의 한 본궁을 찾습니다.

그리고 찾은 본궁 둘을 구궁 궁합 길흉 조견표에서 각자의 본궁을 대조하여 그에 해당하는

생기 - 오귀 - 연년 - 육살 - 화해 - 복덕 - 절명 - 귀혼 중 하나를 선택하여 내용을 보시면 됩니다.

태세 남녀본궁	태어난 해	태세 남녀본궁	태어난 해	태세 남녀본궁	태어난 해
갑자甲子 남 - 손 녀 - 곤	1924, 1984	갑신甲申 남 - 곤 녀 - 손	1944, 2004	갑진甲辰 남 - 리 녀 - 건	1904, 1964
을축乙丑 남 - 진 녀 - 진	1925, 1985	을유乙酉 남 - 감 녀 - 곤	1945, 2005	을사乙巳 남 - 간 녀 - 태	1905, 1965
병인丙寅 남 - 곤 녀 - 손	1926, 1986	병술丙戌 남 - 리 녀 - 건	1946, 2006	병오丙午 남 - 태 녀 - 간	1906, 1966
정묘丁卯 남 - 감 녀 - 곤	1927, 1987	정해丁亥 남 - 간 녀 - 태	1947, 2007	정미丁未 남 - 건 녀 - 리	1907, 1967
무진戊辰 남 - 리 녀 - 건	1928, 1988	무자戊子 남 - 태 녀 - 간	1948, 2008	무신戊申 남 - 곤 녀 - 감	1908, 1968
기사己巳 남 - 간 녀 - 태	1929, 1989	기축己丑 남 - 건 녀 - 리	1949, 2009	기유己酉 남 - 손 녀 - 곤	1909, 1969
경오庚午 남 - 태 녀 - 간	1930, 1990	경인庚寅 남 - 곤 녀 - 감	1950, 2010	경술庚戌 남 - 진 녀 - 진	1910, 1970
신미辛未 남 - 건 녀 - 리	1931, 1991	신묘辛卯 남 - 손 녀 - 곤	1951, 2011	신해辛亥 남 - 곤 녀 - 손	1911, 1971
임신壬申 남 - 곤 녀 - 감	1932, 1992	임진壬辰 남 - 진 녀 - 진	1952, 2012	임자壬子 남 - 감 녀 - 곤	1912, 1972
계유癸酉 남 - 손 녀 - 곤	1933, 1993	계사癸巳 남 - 곤 녀 - 손	1953, 2013	계축癸丑 남 - 리 녀 - 건	1913, 1973

태어난 연도별 태세 찾기 표 - 육십갑자 남녀 구궁법

태어난 연도별 태세 찾기 표 - 육십갑자 남녀 구궁법					
태세 남녀본궁	태어난 해	태세 남녀본궁	태어난 해	태세 남녀본궁	태어난 해
갑술甲戌 남 - 진 녀 - 진	1934, 1994	갑오甲午 남 - 감 녀 - 곤	1954, 2014	갑인甲寅 남 - 간 녀 - 태	1914, 1974
을해乙亥 남 - 곤 녀 - 손	1935, 1995	을미乙未 남 - 리 녀 - 건	1955, 2015	을묘乙卯 남 - 태 녀 - 간	1915, 1975
병자丙子 남 - 감 녀 - 곤	1936, 1996	병신丙申 남 - 간 녀 - 태	1956, 2016	병진丙辰 남 - 건 녀 - 리	1916, 1976
정축丁丑 남 - 리 녀 - 건	1937, 1997	정유丁酉 남 - 태 녀 - 간	1957, 2017	정사丁巳 남 - 곤 녀 - 감	1917, 1977
무인戊寅 남 - 간 녀 - 태	1938, 1998	무술戊戌 남 - 건 녀 - 리	1958, 2018	무오戊午 남 - 손 녀 - 곤	1918, 1978
기묘己卯 남 - 태 녀 - 간	1939, 1999	기해己亥 남 - 곤 녀 - 감	1959, 2019	기미己未 남 - 진 녀 - 진	1919, 1979
경진庚辰 남 - 건 녀 - 리	1940, 2000	경자庚子 남 - 손 녀 - 곤	1960, 2020	경신庚申 남 - 손 녀 - 곤	1920, 1980
신사辛巳 남 - 곤 녀 - 감	1941, 2001	신축辛丑 남 - 진 녀 - 진	1901, 1961	신유辛酉 남 - 곤 녀 - 감	1921, 1981
임오壬午 남 - 손 녀 - 곤	1942, 2002	임인壬寅 남 - 곤 녀 - 손	1902, 1962	임술壬戌 남 - 리 녀 - 건	1922, 1982
계미癸未 남 - 진 녀 - 진	1943, 2003	계묘癸卯 남 - 감 녀 - 곤	1903, 1963	계해癸亥 남 - 간 녀 - 태	1923, 1983

※ 본궁 - 건乾궁 태兌궁 리離궁 진震궁 손巽궁 감坎궁 간艮궁 곤坤궁

《구궁 궁합 길흉조견표》

본궁 기	건	태	리	진	손	감	간	곤
생기	태	건	진	리	감	손	곤	간
오귀	진	리	태	건	곤	간	감	손
연년	곤	간	감	손	진	리	태	건
육살	감	손	곤	간	태	건	진	리
화해	손	감	간	곤	건	태	리	진
복덕	간	곤	손	감	리	진	건	태
절명	리	진	건	태	간	곤	손	감
귀혼	건	태	리	진	손	감	간	곤

예를 들면,

1970년생 여자가 1968년생의 남자와 궁합을 본다면,

먼저 여자는 '녀 - 진'이니 여자는 본궁이 '진'이고,

| 경술庚戌
남 - 진
녀 - 진 | 1910, 1970 |

남자는 '남 - 곤'이니 남자는 본궁이 '곤'이 됩니다.

| 무신戊申
남 - 곤
녀 - 감 | 1908, 1968 |

즉 '여자 - 진, 남자 - 곤'을 가지고 **'구궁 궁합 길흉 조견표'**에 대조하여 보니,

아래의 보기와 같이 어둡게 칠한 칸의 '화해'에 해당하는 궁합 내용이 되는 것입니다.

본궁 기	건	태	리	진	손	감	간	곤
생기	태	건	진	리	감	손	곤	간
오귀	진	리	태	건	곤	간	감	손
연년	곤	간	감	손	진	리	태	건
육살	감	손	곤	간	태	건	진	리
화해	손	감	간	곤	건	태	리	진
복덕	간	곤	손	감	리	진	건	태
절명	리	진	건	태	간	곤	손	감
귀혼	건	태	리	진	손	감	간	곤

또 한 가지 사업하는 사람과의 관계의 예를 더 든다면,

남자 사업자 갑이 1964년생이고, 남자 사업자 을이 1963년생이라면,

| 갑진甲辰
남 - 리
녀 - 건 | 1904, 1964 |

| 계묘癸卯
남 - 감
녀 - 곤 | 1903, 1963 |

사업자 갑이 '남 - 리'로 본궁이 '리'이고, 사업자 을이 '남 - 감'으로 본궁이 '감'이 되어 '사업자 갑 - 사업자 을' 본궁의 '리 - 감'을 '구궁 궁합 길흉 조견표'에 대조하여 보면, 다음과 같이 '연년'에 해당하는 궁합 내용이 되는 것입니다.

기 \ 본궁	건	태	리	진	손	감	간	곤
생기	태	건	진	리	감	손	곤	간
오귀	진	리	태	건	곤	간	감	손
연년	곤	간	감	손	진	리	태	건
육살	감	손	곤	간	태	건	진	리
화해	손	감	간	곤	건	태	리	진
복덕	간	곤	손	감	리	진	건	태
절명	리	진	건	태	간	곤	손	감
귀혼	건	태	리	진	손	감	간	곤

다른 궁합도 이와 같은 방법으로 보시면 됩니다.

구궁 궁합 내용 해설

납음오행의 상생 상극관계와 비교하고 합하여 보시면 좀더 정확한 궁합을 볼 수 있으니 참고하시기 바랍니다.

생기生氣

생기에 해당하는 남녀의 궁합은 대길한 궁합입니다.

부부가 금슬이 좋아 서로 화합하니 집안이 화목하고 가세가 점점 늘어 발전을 거듭하는 좋은 궁합입니다. 훌륭한 자식을 두어 말년에도 부귀영화를 누릴 수 있는 궁합입니다.

일가친척과도 친목을 도모하니 부부의 이름이 오래도록 기억되는 좋은 궁합인 것입니다.

납음오행이 상생을 한다면 금상첨화의 궁합입니다.

납음오행이 상극한다면 길함이 반감됩니다.

오귀五鬼

오귀에 해당하는 남녀의 궁합은 흉한 궁합입니다.

부부 금슬이 좋지 않아 서로 다툼이 잦고, 남편이 바람을 피우던지 부인이 바람을 피워 가정파탄에 이르는 흉살의 의미를 가진 궁합입니다. 손재수가 따르니 재산을 오래도록 유지하기 어렵고, 자손을 두더라도 속 썩이는 자손을 두는 경우가 있습니다. 만일 그렇지 않으면 부부 중 한 사람이 단명을 하게 되는 흉한 궁합입니다. 단, 작첩이나 작부를 한다면 단명을 면할 수도 있습니다.

납음오행이 상생을 한다면 흉함이 반감됩니다.

납음오행이 상극한다면 흉함이 배가 됩니다.

연년延年

연년에 해당하는 남녀의 궁합은 길함과 흉함이 동시에 내포되어 있는 궁합입니다.

부부의 금슬이 좋고 두 사람 모두 성품이 온순하고 인자하여 자손을 두어도 유순한 자손을 둘 것이요, 가정이 평안하고 화목하여 일가친척도 왕래가 잦으며, 재산이 날로 흥왕하게 되어 부유한 삶을 누리는 궁합입니다. 다만, 재물을 지나치게 탐하게 되면 부부 중한 사람이 바람이 나거나 부부나 가족의 생사이별을 겪을 수 있게 됩니다.

납음오행이 상생을 한다면 흉함이 반감됩니다.

납음오행이 상극한다면 흉한 궁합이 됩니다.

육살六煞

육살에 해당하는 남녀의 궁합은 흉한 궁합입니다.

부부가 서로 불화하니 가족이 뿔뿔이 흩어지고 재산이 바람에 날리는 먼지처럼 사라지게 되며, 심하면 부부 중 한사람이 죽음에 이를 수도 있는 궁합입니다. 가정을 이루더라도 주말 부부라든지, 잦은 해외출장이나 외근을 하게 되면 흉함을 면할 수도 있습니다.

그런 반면, 범 같은 자손을 두어 반드시 훌륭하게 되니 입신양명하는 자손이 될 것입니다.

납음오행이 상생을 한다면 흉함이 반감됩니다.

납음오행이 상극한다면 흉한 궁합이 됩니다.

화해禍害

화해에 해당하는 남녀의 궁합은 흉한 궁합입니다.

부부지간에 마음이 맞질 않아 다툼이 많으며, 심한 경우 피를 보는 경우도 있다할 것입니다. 자손을 낳아도 효도하는 자손을 보기 힘들지만, 부부이별은 없을 것입니다. 세상을 살아가면서 굽이굽이 액운이 닥쳐오니 하루하루를 불안한 마음으로 살아가게 되므로 정신적 불안을 안고 살아갈 수 밖에 없는 궁합입니다.

납음오행이 상생을 한다면 흉함이 반감됩니다.
납음오행이 상극한다면 대단히 흉한 궁합이 됩니다.

복덕福德

복덕에 해당하는 남녀의 궁합은 대길한 궁합입니다.

비록 가진 것 없는 사람끼리 만나서 부부의 연을 맺었다하여도 나날이 가세가 늘어나고 자손이 훌륭히 성장하여 만년에는 부귀영화를 누리며 사는 궁합입니다. 특히 자손들이 창성하게 되니 사해에 이름을 떨치는 자손을 두게 될 것입니다. 그러나 베풀고 살지 않으면 고립된 생활로 말미암아 정신적 공허함으로 일생을 마칠 것입니다.

납음오행이 상생을 한다면 길함이 배가 됩니다.
납음오행이 상극한다면 길함이 반감됩니다.

절명絶命

절명에 해당하는 남녀의 궁합은 대단히 흉한 궁합입니다.

부부로서 만나도 곧 바로 헤어짐을 겪게 되는 대단히 흉한 궁합입니다.

인내로서 인연을 이어나가려 한다면 부부 중 한 사람이 단명을 한다든지 불구가 되거나 정신병에 걸려 일생을 고통 속에서 살아 갈 수도 있는 궁합입니다. 자손을 둔다하여도 자손으로 인하여 고민이 끊이질 않고 재산도 탕진되어 고통을 받게 되는 궁합입니다.

납음오행이 상생을 한다면 흉함이 반감됩니다.
납음오행이 상극한다면 대단히 흉한 궁합이 됩니다.

귀혼歸魂

귀혼에 해당하는 남녀의 궁합은 길함과 흉함이 동시에 내포되어 있는 궁합입니다.

부부가 금슬이 좋아 일평생해로 하며 살아가는 궁합입니다. 그러나 자손이 귀한 경우도 있다할 것입니다. 재물이 나날이 늘어나고 일가친척이나 사회적으로 귀감이 되는 가정생활을 영위하게 될 것이니 만년에는 태평성대를 누리며 살아갈 궁합입니다. 다만, 재물에 대한 욕심이 많으면 모든 행복들이 물거품처럼 사라질 것이니 유념하여야 합니다.

납음오행이 상생을 한다면 흉함이 반감됩니다.
납음오행이 상극한다면 흉한 궁합이 됩니다.

※ 요즈음 세태에서는 궁합을 무시하며 살아가는 젊은이들이 있는데, 4~50대에 가서는 궁합이 정말 있구나하는 생각을 하게 될 것입니다. 좀 더 세밀한 궁합은 전문가에게 상담하시기 바랍니다.

3. 관상으로 알아보는 궁합

　살다보면 너무나도 닮은, 오빠나 누이 같은 부부나 한 가족 같은 부부를 가끔 볼 수 있습니다. 부부는 일심동체라는 말도 있듯이 궁합이 좋으면, 아니 부부금슬이 좋다보면 얼굴이 닮아 간다고 하는 말이겠지요.
　그러나 그런 부부의 얼굴을 자세히 관찰하여 보면, 얼굴 형태가 닮은 것이 아니라 내면적인 닮음이 외적으로 풍기는 분위기가 닮은 것을 알 수 있습니다. 생김새는 다르지만 얼굴 형태가 서로 잘 맞는 형태를 가진 부부라는 것이지요.
　여기서 알 수 있는 것이 궁합적으로 서로 잘 어울리는 얼굴형태가 있다는 것입니다.
　우리가 상대방을 파악할 때 가장 먼저 보는 것이 얼굴입니다. 얼굴의 생김새나 첫 느낌은 상대를 내 사람으로 만드느냐, 그냥 끝내느냐를 판가름하는 중요한 부분인 것입니다.
　그렇기 때문에 얼굴에 대한 연구는 수 천 년 전부터 지금까지 이어져 오고 있다고 할 것입니다.

얼굴은 제2의 마음이라고 할 만큼 중요한 부분인데, 그 얼굴에 대한 판단을 하는 기준이 되는 자료들이 그다지 많지 않은 것이 현실입니다. 있다하여도 일반인들이 공부하여 판단하기가 어려운 것이기도 하구요.

그리고 시중에 나와 있는 관상 책으로는 어느 얼굴이 어떻고 저떻고 무수히 많은 설명을 늘어놓고 있지만, 정작 책에 나와 있는 얼굴 형태로 정확히 판가름하기가 어려운 것이 현실입니다.

본인이 연구한 바로 얼굴을 구별하는 아주 간단한 방법과 서로에게 맞는 얼굴과 맞지 않는 얼굴 비교법을 알기 쉽게 설명하고자 합니다.

물론 오행적으로 얼굴을 구별하여 상생상극을 따져보는 얼굴 궁합법입니다.

그리고 남녀관계 이외에도 개인적 대인관계나 회사생활, 거래처의 사업자와의 관계, 채권자와 채무자의 관계 등에 있어서도 납음오행궁합법과 같이 적용해 보면 도움이 될 것입니다.

1) 준비물

가로 50센티미터 - 세로 50센티미터가 되는 두꺼운 종이 5장이 준비된 종이에 다음과 같은 5가지 얼굴 형태를 그려서 안쪽 형태를 가위로 오려냅니다.

木형의 얼굴

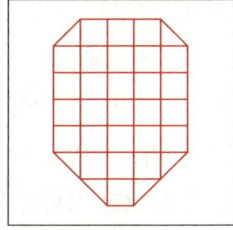

火형의 얼굴

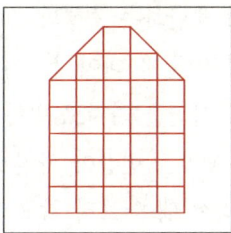

土형의 얼굴

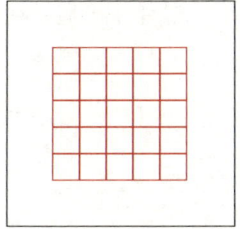

金형의 얼굴

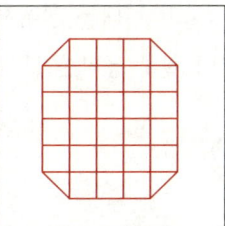

水형의 얼굴

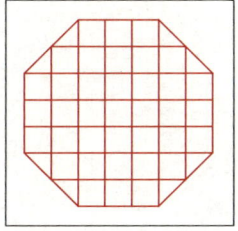

2) 보는 방법

　얼굴 형태는 머리카락이 가려져 있든지, 장식물 등으로 인하여 올바로 판단하기가 어렵습니다. 두꺼운 종이에 위와 같은 형태를 오려내어 5가지 종류의 종이를 가지고 자신의 얼굴과 상대방의 얼굴에 가져다 대어 봅니다. 그렇게 대어 보아 5가지 종이 중 분명히 어색하지 않고 가장 잘 어울리는 적합한 종이가 있을 것입니다. 그 종이가 자신과 상대방에 해당하는 오행의 종이 얼굴 형태입니다.

　만일 얼굴에 대어 볼 여건이 되지 않는다면, 서로의 증명사진이나 명함판 사진을 가지고 위와 같은 형태의 종이를 사진 크기만큼 오려서 5가지 종이를 번갈아 사진에 대어보는 것도 한 가지 방법입니다. 종이를 오려서 대어 보지 않고 눈대중으로 보는 것은 그리 정확치 못한 방법입니다.

　그렇게 하여 木형의 얼굴, 火형의 얼굴, 土형의 얼굴, 金형의 얼굴, 水형의 얼굴의 형태를 찾아서 상생하는 얼굴과 상극하는 얼굴의 내용을 참고하여 얼굴 궁합을 보시기 바랍니다.

3) 상생하는 얼굴 궁합

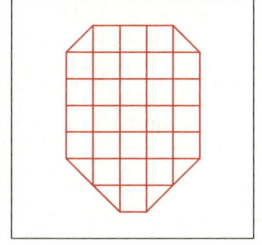
木형 얼굴의 남자

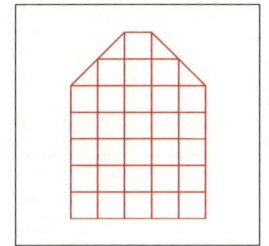
火형 얼굴의 여자

궁합내용

목형 얼굴의 남자와 화형 얼굴의 여자는 목생화하므로 서로 상생하는 궁합입니다.

목형의 방정한 성격과 화형의 적극적인 성격이 조화를 이루니, 남성은 과묵하면서도 줏대가 있어 여성에게 믿음을 주고, 여성은 애교와 창조의 솜씨로 화려하면서도 안정적인 가정을 이끄는 궁합입니다.

어찌 보면 서로 어울리지 않을 것 같으면서도 포용력 있는 남성의 넓은 가슴과 즐거운 분위기를 연출할 줄 아는 애교 있는 여성의 역할은 단란한 가정이 될 것입니다.

단, 남성은 호인이므로 남에게는 절대로 싫은 내색을 하지 않으며, 없어도 베푸는 스타일이므로 여성의 알뜰하고 약간은 욕심이 있는 성향과 마찰을 일으킬 수도 있는 것입니다. 이점만 서로 이해하고 지혜롭게 극복한다면 좋은 배우자가 될 것입니다.

火형 얼굴의 남자	木형 얼굴의 여자
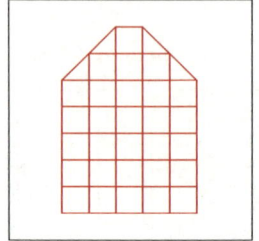	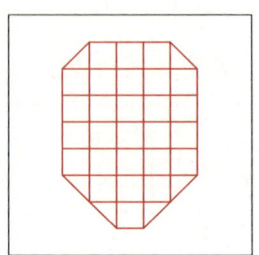

궁합내용

화형 얼굴의 남자와 목형 얼굴의 여자는 목생화하므로 서로 상생하는 궁합입니다.

화형의 적극적인 성격과 목형의 방정한 성격이 조화를 이루니, 남성의 자유분방하면서도 활동적인 성향과 여성의 차분하면서도 조용한 분위기는 현모양처의 상을 연출하게 되므로 남성이 앞에서 일을 추진하면 여성은 그 뒤에서 일의 마무리를 담당하게 되므로 탄력 있는 가정생활이 될 수 있는 궁합입니다.

역할면으로 볼 때 남성의 뒤를 생각하지 않는 화통한 일처리 스타일이 여성의 입장에서는 힘들어 할 수도 있지만 타고난 인내심이 대단하므로 종래에는 반드시 일의 성과를 거두는 궁합입니다. 남성은 여성이 애교스럽지 못한 것에 대한 불만이 있을 수 있겠지만 세월이 흐르면 흐를수록 여성의 진가를 알게 되기 때문에 만족스러운 가정생활을 하게 될 것입니다.

이러한 궁합은 서로의 성격을 이해하는 것이 무엇보다 중요합니다.

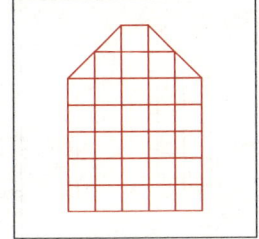 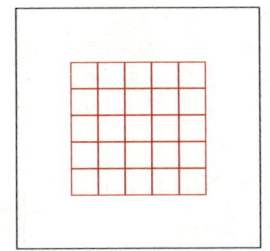

火형 얼굴의 남자   土형 얼굴의 여자

궁합내용

화형 얼굴의 남자와 토형 얼굴의 여자는 화생토하므로 서로 상생하는 궁합입니다.

화형의 적극적인 성격과 토형의 인내심은 남성은 여성을 즐겁게 해주고 여성은 남성을 안정시키니 아무리 어려운 일이 있다하여도 능히 극복할 수 있는 궁합입니다.

비록 여성이 애교가 없다고 하여도 가정을 굳건히 지키고 남성을 무한한 포용력으로 감싸 안아주니 남성은 매사에 의욕적으로 임할 수 있게 해줍니다.

다만, 남성의 사교성 있는 성향이 여성의 눈에는 좋지 않게 비춰질 수 있고, 여성의 과묵함이 남성에게는 불만사항이 될 수 있으므로 이 점만 지혜롭게 개선해 나간다면 좋은 궁합이 될 것입니다.

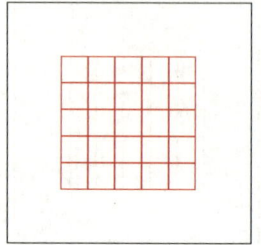 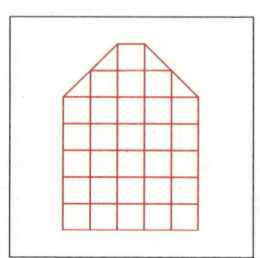

궁합내용

　토형 얼굴의 남자와 화형 얼굴의 여자는 화생토하므로 서로 상생하는 궁합입니다.

　토형의 과묵한 분위기와 화형의 자유분방함이 조화를 이루니 좋은 궁합이 될 수 있습니다.

　남성은 매사를 꾸준하면서도 변함없는 마음과 행동으로 여성을 안정시키고, 여성은 적극적 행동과 애교스러움으로 가정에 웃음을 선사하니 화목한 가정을 이끌 수 있는 궁합입니다.

　다만, 항상 변화를 추구하는 여성은 남성의 과묵한 점이 재미가 없는 사람으로 생각될 수도 있기 때문에 남성은 좀 더 적극적인 말이나 행동으로 여성을 기쁘게 해주어야 하고, 여성은 남성을 리드하는데 있어서 덤벙대지 않고 좀더 세심한 말과 행동을 보여 준다면 훌륭한 궁합이 될 것입니다.

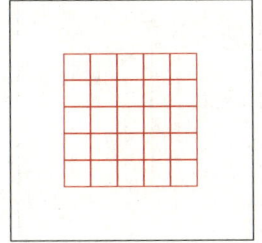
土형 얼굴의 남자

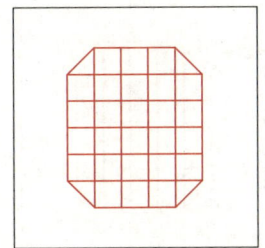
金형 얼굴의 여자

궁합내용

　토형 얼굴의 남자와 금형 얼굴의 여자는 토생금하므로 서로 상생하는 궁합입니다.

　토형의 과묵함과 금형의 세심함이 서로의 눈빛만 보아도 마음을 읽을 수 있고, 다음의 행동을 알아서 하는 장점을 가진 궁합입니다. 남성이 과묵하다하지만 여성은 그 과묵함을 즐기는 성향이 있으므로 남들이 보는 것과는 정반대로 단란한 가정을 이끄는 궁합이 되는 것입니다.

　언제나 흔들리지 않는 탄탄한 가정을 이끌어가는 두 사람이므로 가정에 대한 자부심은 그 어느 가정보다도 강한 성향을 보입니다. 다만, 여성이 날카롭고 신경질적인 성향을 내포하고 있으므로 남성은 무한한 포용력을 발휘하여 여성을 이해하려고 노력하여야 합니다.

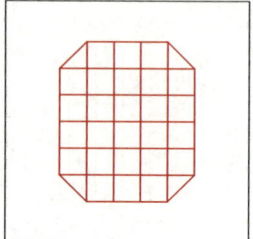 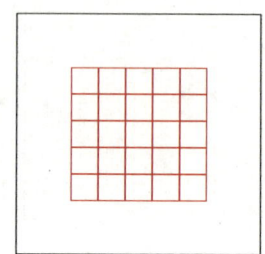

金형 얼굴의 남자   土형 얼굴의 여자

궁합내용

금형 얼굴의 남자와 토형 얼굴의 여자는 토생금하므로 서로 상생하는 궁합입니다.

금형의 세심함으로 토형의 겉으로 표현하지 않는 부분을 잘 알아서 챙겨주니 여성은 남성을 존경하게 되며 매사에 자신을 알아주는 군주를 섬기 듯 최선을 다하므로 훌륭한 궁합이 될 수 있습니다. 어찌 생각하면 여성은 남성의 그러한 세심함에 피곤해할 수도 있겠으나 서로의 마음을 읽을 수 있는 궁합이므로 남들이 모르는 행복감을 은밀히 즐기는 부부가 될 것입니다. 다만, 남성은 너무 예민하고 신경질적인 성향을 고쳐나가야 할 것이고, 여성은 좀 더 적극적인 행동과 애교를 가미한다면 훌륭한 동반자가 될 것입니다.

金형 얼굴의 남자

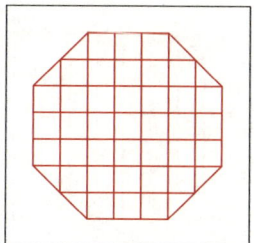
水형 얼굴의 여자

궁합내용

금형 얼굴의 남자와 수형 얼굴의 여자는 금생수하므로 서로 상생하는 궁합입니다.

금형의 까다롭고 예민한 성향을 넉넉한 마음으로 포용하고 이해하는 수형과의 만남은 훌륭한 궁합입니다. 금형의 남성은 매사에 빈틈없이 일처리를 하므로 믿음이 가고, 수형의 여성은 여유롭고 느긋한 마음으로 지혜롭게 가정을 이끌어가므로 전혀 어울릴 것 같지 않은 상대이지만, 비록 매사에 시작은 어긋나게 시작되는 것 같아도 항상 좋은 결과를 얻을 수 있는 궁합입니다.

다만, 서로의 성향이 애교스럽지 못하여 우울한 분위기로 흐를 경향이 있으므로 항상 밝게 미소 짓거나 유쾌하게 웃을 수 있는 분위기의 연출이 필요할 것입니다.

水형 얼굴의 남자　　　金형 얼굴의 여자

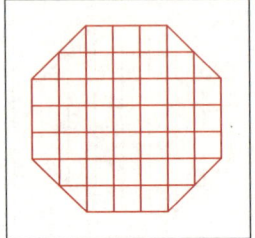 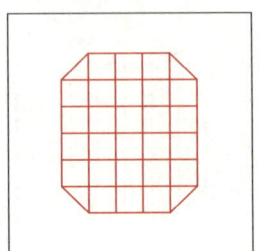

궁합내용

　수형 얼굴의 남자와 금형 얼굴의 여자는 금생수하므로 서로 상생하는 궁합입니다.

　수형의 넉넉하고 여유로운 말과 행동이 금형의 예민한 성향을 자극하지 않으므로 항상 원만한 가정을 이끌 수 있는 궁합입니다. 항상 배려하려고 하는 남성과 허점을 보이지 않으려는 완벽주의 성향의 여성은 나름대로는 매력이라고 생각하며 살아 갈 수 있는 것입니다.

　서로의 장단점을 너무 잘 알고 있기에 이따금 멀리서 관망하는 관조가가 되어 서로를 지켜 볼 때도 있다면 더 없이 좋은 배우자가 될 것입니다.

　항상 집안 분위기를 화려하게 이끌어 나간다면 모든 것이 순조로울 것입니다.

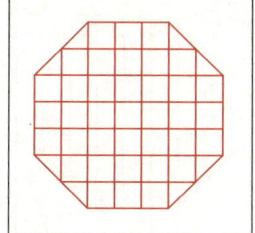 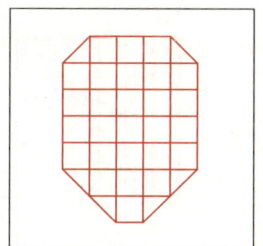

水형 얼굴의 남자   **木형 얼굴의 여자**

궁합내용

　수형 얼굴의 남자와 목형 얼굴의 여자는 수생목하므로 서로 상생하는 궁합입니다.

　수형의 여유로움은 목형의 방정함과 자애로움에 잘 어울려 금슬이 좋은 궁합이 될 것입니다.

　부족한 듯하면서도 넉넉한 말과 행동이 분위기를 한층 더 여유롭게 만들어 주므로 매사에 의견 충돌 없이 추진해 나갈 수 있는 궁합인 것입니다.

　다만, 여성의 마음이 조급해지거나 신경질적으로 변할 수도 있으니, 남성은 여성을 좀 더 적극적인 말과 행동으로 리드해 나간다면 더 바랄 것이 없을 것입니다.

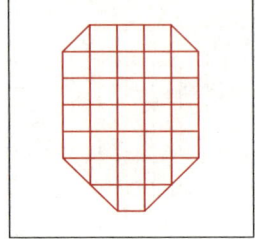 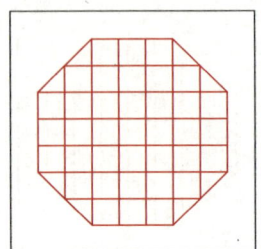

木형 얼굴의 남자   水형 얼굴의 여자

궁합내용

목형 얼굴의 남자와 수형 얼굴의 여자는 수생목하므로 서로 상생하는 궁합입니다.

목형의 방정함과 인자함은 수형의 포근하고 넉넉함과 잘 어울리는 궁합입니다.

남성이나 여성 모두 항상 안팎으로 욕심을 부리지 않고 안정적인 것에 최선을 다하는 성향이 있으므로 세상을 살면서 거의 실패를 겪지 않는 배우자입니다.

다만, 너무 모범적인 성향이 짙으므로 삶에 재미가 덜 할 수 있으니 두 사람 모두 적극적인 사고방식으로 즐거운 분위기를 연출하는데 노력을 한다면 삶에 활력을 얻을 수 있을 것입니다.

4) 상극하는 얼굴 궁합

木형 얼굴의 남자　　**土형 얼굴의 여자**

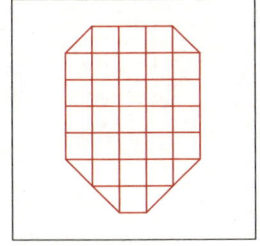 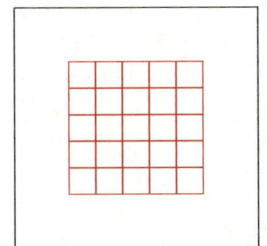

궁합내용

목형 얼굴의 남자와 토형 얼굴의 여자는 목극토하므로 서로 상극하는 궁합입니다.

두 사람 모두 무뚝뚝한 성향이므로 아무 말 하지 않고 있으면 서로 싸운 사람들처럼 보이기 쉬운 상대입니다. 개성들이 뚜렷하기 때문에 자신의 주장을 굽히지 않으려는 경향으로 사실상 다툼이 없다하여도 내심은 불만이 쌓여가는 궁합입니다.

한 사람 한사람을 놓고 볼 때는 모두 좋은 사람이지만, 이상하게 두 사람이 함께하는 시간은 괜히 상대가 미워 보이고 마음이 불편한 상대인 것입니다.

무조건적인 사랑이나 인내가 없으면 함께하기 힘든 궁합입니다.

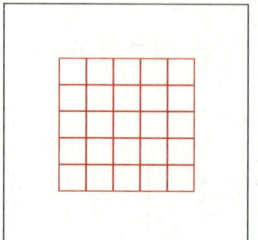
土형 얼굴의 남자

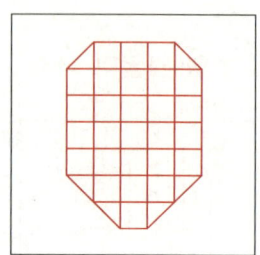
木형 얼굴의 여자

궁합내용

토형 얼굴의 남자와 목형 얼굴의 여자는 목극토하므로 서로 상극하는 궁합입니다.

고집스럽고 평범해 보이는 남성과 조신하고 지적인 분위기의 여성이 조화를 이루려고 하는 힘겨운 궁합입니다. 매사에 다툼이 많이 생기고 일방적인 사랑으로 인하여 상대방이 정신적, 육체적, 경제적으로 어려움을 겪는 궁합입니다.

자식을 두면 인내심이 생겨서 인연을 어느 정도 이어갈 수 있을 것입니다.

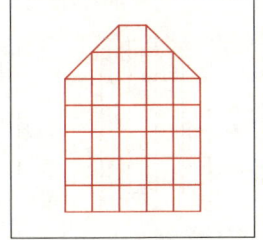
火형 얼굴의 남자

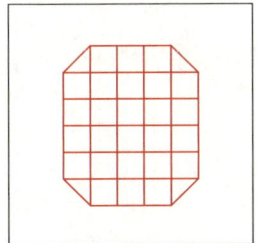
金형 얼굴의 여자

궁합내용

화형 얼굴의 남자와 금형 얼굴의 여자는 화극금하므로 서로 상극하는 궁합입니다.

자유분방한 남자와 아주 고집스럽고 고지식한 여자의 만남이니 남자는 하룻밤의 풋사랑을 생각하지만 여성은 죽어서도 영원한 사랑을 원하므로 함께 조용히 살다가도 남성의 부정이 느껴지는 순간부터는 걷잡을 수 없는 파멸의 늪으로 빠지게 되는 궁합입니다.

한번 앙심을 품으면 물불을 안 가리는 의부증 성향의 여성이므로 두 사람 모두 어려움을 겪는 세상살이가 되고 마는 것입니다.

남성이 오직 모범적인 가장으로 살아가야만 이상이 없는 궁합입니다.

金형 얼굴의 남자 　　**火형 얼굴의 여자**

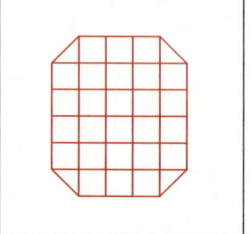 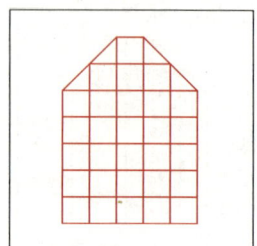

궁합내용

금형 얼굴의 남자와 화형 얼굴의 여자는 화극금하므로 서로 상극하는 궁합입니다.

예민하고 고집스러우며 정직을 최우선으로 살아가는 남성과 자유분방하고 사치스러운 여성이 만난 것과 같은 궁합입니다. 여성의 자유분방함은 남성의 심기를 불편하게 하여 종래에는 남성이 의처증 증상을 보이기도 하는 궁합입니다.

결국 여성은 남성이 정확성을 요구하는 것에 숨 막힐 정도로 질리게 되어 파국을 맞이하게 되는 것입니다.

여성의 끊임없는 인내가 필요한 궁합입니다. 피할 수 없으면 즐기라는 말을 되새기면서 살아야겠지요.

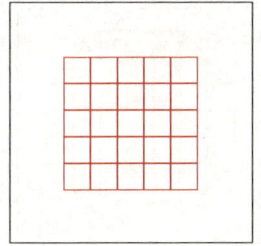
土형 얼굴의 남자

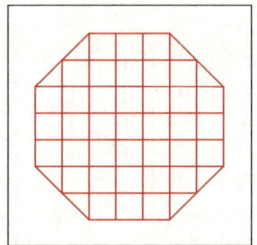
水형 얼굴의 여자

궁합내용

토형 얼굴의 남자와 수형 얼굴의 여자는 토극수하므로 서로 상극하는 궁합입니다.

후덕해 보이는 두 사람이지만 함께하면 할수록 내면세계에서 치밀어 오르는 주체할 수 없는 증오의 기운이 감도는 궁합입니다.

남성이든 여성이든 이러한 만남은 자신의 숨겨진 고집이나 아집이 발동하므로 다툼의 불씨가 항상 도사리고 있습니다. 결국 두 사람 중 한 사람은 외도를 하게 되고 그로인하여 파경을 맞이하게 될 수 있는 궁합인 것입니다.

특히 이 경우는 서로를 진정으로 이해하고 무조건 용서하는 마음으로 살아간다면 인연을 오래 유지할 수 있습니다.

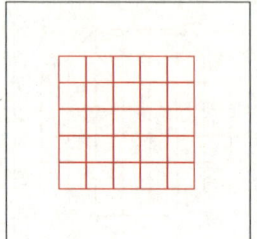 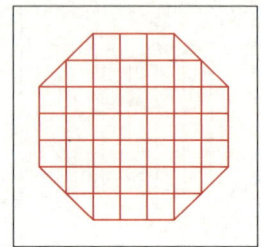

水형 얼굴의 남자   土형 얼굴의 여자

궁합내용

수형 얼굴의 남자와 토형 얼굴의 여자는 토극수하므로 서로 상극하는 궁합입니다.

이러한 만남은 무던한 성격의 소유자처럼 보이는 남성은 오히려 까다스러운 성격이 표출되고, 과묵한 듯한 여성은 말이 많은 수다쟁이처럼 되어 버려 집안이 항상 시끄럽게 됩니다.

하루도 조용히 지날 날이 없으며, 다투는 소리가 담 밖을 넘으니 명예가 실추되는 흉한 궁합인 것입니다.

서로의 자존심을 긁어 신경전을 벌이는 양상도 볼 수 있으며 종래에는 이별하고 마는 궁합입니다. 항상 말을 많이 하지 않도록 하는 것이 최선책입니다.

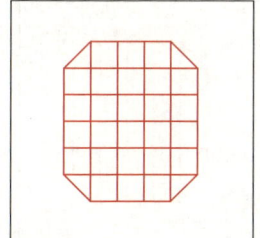 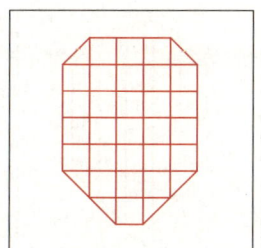

金형 얼굴의 남자   木형 얼굴의 여자

궁합내용

금형 얼굴의 남자와 목형 얼굴의 여자는 금극목하므로 서로 상극하는 궁합입니다.

남성의 억압적인 성격이 여성의 차분한 성격을 격분하게 하여 종국에는 파경에 이르는 궁합입니다. 또한 서로의 자존심과 아집 때문에 기 싸움을 하게 되는데, 시간이 흐르면 흐를수록 그 정도가 심해져서 원수지간이 되어 버리고 마는 것입니다.

가정을 원만히 유지하기 위해서는 서로가 항상 겸손한 마음으로 한 번씩 양보하는 습관을 기르는 것이 중요합니다. 물론 서로가 서로를 무시하거나 얕잡아보지 않고 존중하는 마음이 기본이 되어야겠습니다.

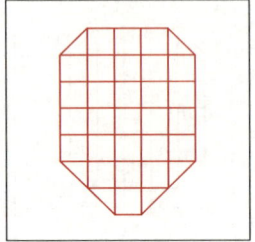 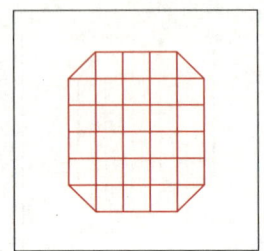

木형 얼굴의 남자   金형 얼굴의 여자

궁합내용

목형 얼굴의 남자와 금형 얼굴의 여자는 금극목하므로 서로 상극하는 궁합입니다.

차분한 성향의 남성과 강직하고 고집스러운 여성의 만남인데, 처음부터 여성이 정도를 부르짖으며 남성을 리드하고 결혼 후에는 여성이 남성을 억누르고 가권을 장악하여 남성의 기를 꺾어 놓고 사는 궁합입니다.

시간이 흐름에 따라 여성은 남성을 손아귀에 쥐고 쥐락펴락하니 아무리 성격 좋고, 하찮고, 별 볼일 없는 남성이라 하여도 견디지 못하고 돌출행동을 하게 되는 궁합입니다. 이 세상을 살아가려면 정도만 걸어서는 안 된다는 것을 깨닫고 넓은 안목을 키우지 않는 이상 파경을 면하기 어려운 궁합입니다.

水형 얼굴의 남자   火형 얼굴의 여자

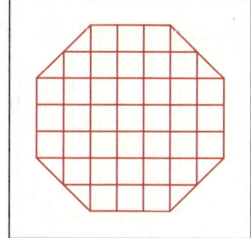
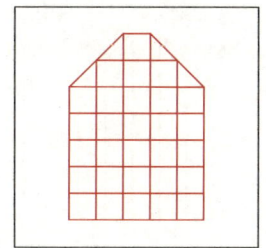

궁합내용

수형 얼굴의 남자와 화형 얼굴의 여자는 수극화하므로 서로 상극하는 궁합입니다.

남성은 성향이 우유부단하여 느리고 결단력이 부족한데, 여성은 불같은 성향이고 다혈질적이라 물과 불이 만난 것처럼 서로 화합하지 못하는 궁합입니다.

남성이 여성을 생각할 때에는 너무 성격이 급하고 생각이 짧아 보이고, 여성이 남성을 생각할 때에는 너무 느려터지고 결단력이 없어 보이니 답답한 마음일 수밖에 없는 궁합입니다.

이러한 성격차이가 결국 파경을 가져오게 되는 것입니다. 두 사람은 무조건적인 인내와 사랑이 절실히 요구된다할 것입니다.

 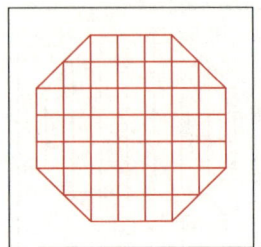

火형 얼굴의 남자　　水형 얼굴의 여자

궁합내용

　화형 얼굴의 남자와 수형 얼굴의 여자는 수극화하므로 서로 상극하는 궁합입니다.

　화형의 다혈질적인 남성은 답답해 보이는 수형의 여성에게 폭력적으로 변할 수 있는 궁합입니다. 알고 보면 수형의 여성이 겉으로는 답답하게 보일지 몰라도 내심 세심하고 치밀한 구석이 있어 남성의 성격을 잘 파악하고 있으니, 남성이 여성 자신을 향한 급한 성격을 부리는 것을 보기 싫어 하지만 인내하고 있다고 보아야 할 것입니다.

　그러니 그렇게 당하고만 있던 날들이 쌓이고 쌓여 끓어올라 폭발을 하면 걷잡을 수 없는 지경에 이르고 마는 것입니다. 남성은 말과 행동을 두 번 세 번 되새김질 하는 습관을 길러야 인연을 유지할 수 있습니다.

5) 비화하는 얼굴 궁합

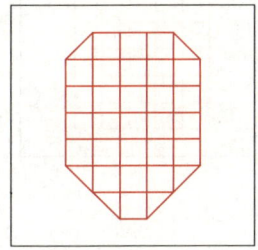

木형 얼굴의 남자

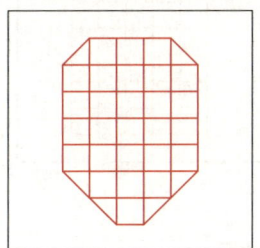

木형 얼굴의 여자

궁합내용

목형 얼굴의 남자와 목형 얼굴의 여자는 서로 대등한 관계입니다.

나무와 나무가 서로 지탱을 하고 있는 형국이니 친구사이와도 같은 궁합입니다.

만나면 반갑고 헤어지면 무덤덤한 경향을 보이며 각자의 맡은 바 책임은 다하는 궁합입니다. 한 쪽이 너무 가까워지려고 하면 상대는 달아나고, 너무 멀어지려하면 상대는 가까이 다가섭니다. 서로 눈치만 보다가 세월을 보내는 경우도 있는 것입니다.

생활에 활력을 얻으려면 좀더 유쾌한 말과 행동을 하여야 합니다. 보통 술에 의존하여 평소에 하지 않던 말들을 하게 되기도 합니다. 그러나 곧 우울한 분위기로 변하니 항상 긍정적이고 즐거운 생활을 하여야 하는 궁합입니다. 우울증을 주의 하여야 합니다.

火형 얼굴의 남자   火형 얼굴의 여자

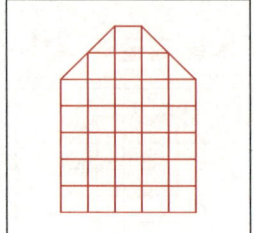 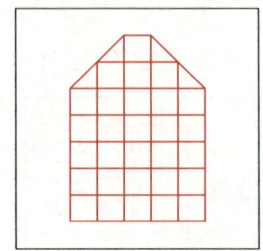

궁합내용

화형 얼굴의 남자와 화형 얼굴의 여자는 서로 대립하는 관계입니다. 이성보다는 서로의 감정에 충실하다보니 잦은 충돌이 일어나는 궁합입니다. 생각을 하면서도 감정이 앞서기 때문에 사소한 일이라도 다툼이 일어나며 상대방의 의견을 들어보지도 않고 자신의 주장을 먼저 해버리니 상대를 무시한다는 느낌을 줄 수가 있는 궁합입니다.

본래 성품이 온순하고 뒤끝이 없으나 그 욱하는 성격 때문에 서로에게 상처를 주는 궁합입니다. 매사에 세 번 생각하고 말이나 행동을 한다면 더 없이 좋은 궁합이 될 것입니다.

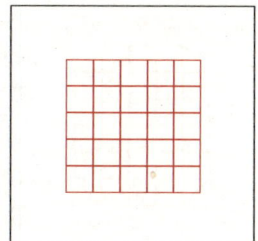 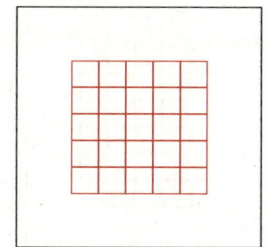

궁합내용

토형 얼굴의 남자와 토형 얼굴의 여자는 서로 협조하는 관계입니다.

항상 과묵한 두 사람은 눈빛 하나로 서로의 마음을 알아차리기도 하지만, 매사에 말보다는 행동으로 실천함으로써 사랑을 확인하는 궁합입니다.

자식에 대한 사랑이 남달라서 오로지 자식을 위한 마음으로 부부의 사랑을 확인하는 궁합입니다. 먹는 것에 대하여 욕심이 있는 궁합이기도 하니, 음식을 먹으며 두 사람의 사랑을 확인하는 것도 좋은 방법입니다. 좋은 궁합입니다.

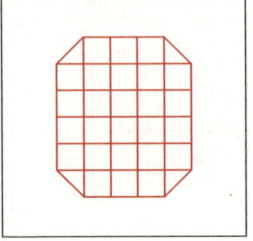
金형 얼굴의 남자

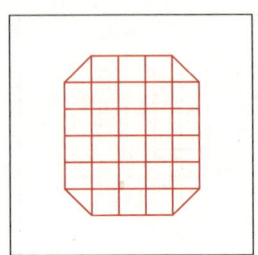
金형 얼굴의 여자

궁합내용

금형 얼굴의 남자와 금형 얼굴의 여자는 서로 투쟁하는 관계입니다. 두 사람 모두 자존심하나로 세상을 살아간다고 해도 과언은 아닐 것입니다.

자존심을 지키는 일이라면 무슨 일이든 하고야 마는 성향이라 두 사람 중 한사람이 자존심을 건드리면 죽어서까지 한을 품을 수 있는 궁합입니다. 자존심 때문에 싸움도 하지 않는 성향이니 속병이 생길만도 한 궁합이 됩니다. 한 가정을 이끌어 가는 것이 오로지 남에게 보여지기 위해서 존재하는가 하는 의구심이 들 정도로 남의 눈을 의식하며 살아가는 궁합입니다. 진정한 두 사람만의 인생을 찾아 생활하는 것이 급선무인 궁합인 것입니다.

水형 얼굴의 남자 　　　水형 얼굴의 여자

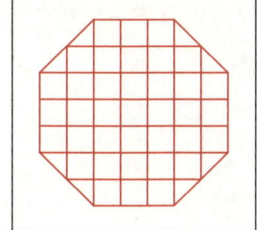 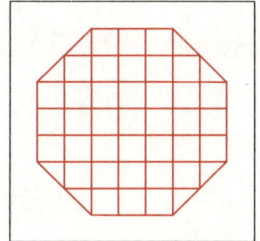

궁합내용

수형 얼굴의 남자와 수형 얼굴의 여자는 서로 화합하는 관계입니다. 두 사람 모두 세월아 네월아 세상이 변하여도 나는 변하지 않는다라고 하며 한껏 여유를 뽐내며 사는 궁합입니다. 아무리 급한 일이 있어도 서둘지 않으므로 손해 볼 때도 간혹 있지만 큰 실수를 하지 않기 때문에 순탄하게 세상을 살아나가는 궁합인 것입니다. 서로의 잘못을 좀처럼 지적하지 않아 감정싸움에 휘말릴 염려가 없으며 상대를 최대한 편안하게 해주려하기 때문에 가정은 항상 편안한 안식처가 될 수 있는 궁합입니다.

4. 사주 명궁命宮에 의한 궁합

　명궁命宮이란 사람이 태어날 때 어머니로부터 분리되는 바로 그 순간, 황도黃道, 즉 북극성을 중심으로 태양이 28수 운행범위 내에서 공전을 하는데, 28수 운행범위는 자축인묘진사오미신유술해의 12궁으로 구분되어져 있어 사람이 태어나는 순간 태양이 이 28수내의 12궁 중 어느 한 지점을 지나고 있느냐가 문제인데 그 어느 한 지점이 바로 명궁인 것입니다.

　24절기節氣는 지구의 공전과 태양의 운행과 관계있어 12절節과 12기氣로 나누어지는데,

　절節에 해당하는 입춘 - 경칩 - 청명 - 입하 - 망종 - 소서 - 입추 - 백로 - 한로 - 입동 - 대설 - 소한과

　기氣에 해당하는 대한 - 우수 - 춘분 - 곡우 - 소만 - 하지 - 대서 - 처서 - 추분 - 상강 - 소설 - 대한으로 구분 되어 기氣에 해당하는 것에 명궁이 적용되어 사람의 운명에 영향을 주는 것입니다.

　이 명궁을 가지고 궁합을 보는 것이 바로 명궁 궁합법입니다.

1) 나와 상대방의 명궁 찾기

먼저 달력을 보고 자신이나 상대방의 생일을 확인 한 다음, 절기節氣중 기氣에 해당하는 부분이 어느 부분인가를 확인하여 태어난 달과 태어난 시를 찾습니다.

태어난 달과 시를 찾은 다음에는 명궁 조견표에서 명궁을 확인합니다.

태어난 달 찾기
※ 시중에서 만세력을 구하여 참조하셔야 합니다.
만세력이 없으신 분은 본인(도담)에게 전화하셔도 알려드립니다.(무료 - 010-3422-4442)

대한에서 우수전에 태어 났으면 → 인월寅月
우수에서 춘분전에 태어 났으면 → 묘월卯月
춘분에서 곡우전에 태어 났으면 → 진월辰月
곡우에서 소만전에 태어 났으면 → 사월巳月
소만에서 하지전에 태어 났으면 → 오월午月
하지에서 대서전에 태어 났으면 → 미월未月
대서에서 처서전에 태어 났으면 → 신월申月
처서에서 추분전에 태어 났으면 → 유월酉月
추분에서 상강전에 태어 났으면 → 술월戌月
상강에서 소설전에 태어 났으면 → 해월亥月
소설에서 동지전에 태어 났으면 → 자월子月
동지에서 대한전에 태어 났으면 → 축월丑月

태어난 시 찾기

자시子時 23시30분 ~ 01시30분 까지
축시丑時 01시30분 ~ 03시30분 까지
인시寅時 03시30분 ~ 05시30분 까지
묘시卯時 05시30분 ~ 07시30분 까지
진시辰時 07시30분 ~ 09시30분 까지
사시巳時 09시30분 ~ 11시30분 까지
오시午時 11시30분 ~ 13시30분 까지
미시未時 13시30분 ~ 15시30분 까지
신시申時 15시30분 ~ 17시30분 까지
유시酉時 17시30분 ~ 19시30분 까지
술시戌時 19시30분 ~ 21시30분 까지
해시亥時 21시30분 ~ 23시30분 까지

명궁조견표

월 시	인월 寅月	묘월 卯月	진월 辰月	사월 巳月	오월 午月	미월 未月	신월 申月	유월 酉月	술월 戌月	해월 亥月	자월 子月	축월 丑月
자시 子時	묘	인	축	자	해	술	유	신	미	오	사	진
축시 丑時	인	축	자	해	술	유	신	미	오	사	진	묘
인시 寅時	축	자	해	술	유	신	미	오	사	진	묘	인
묘시 卯時	자	해	술	유	신	미	오	사	진	묘	인	축
진시 辰時	해	술	유	신	미	오	사	진	묘	인	축	자
사시 巳時	술	유	신	미	오	사	진	묘	인	축	자	해
오시 午時	유	신	미	오	사	진	묘	인	축	자	해	술
미시 未時	신	미	오	사	진	묘	인	축	자	해	술	유
신시 申時	미	오	사	진	묘	인	축	자	해	술	유	신
유시 酉時	오	사	진	묘	인	축	자	해	술	유	신	미
술시 戌時	사	진	묘	인	축	자	해	술	유	신	미	오
해시 亥時	진	묘	인	축	자	해	술	유	신	미	오	사

※ 예컨대 명궁이 '진'이라는 것은 28수 운행범위의 12궁 중 '진궁'에 해당하는 것입니다.

예를 들면, 위의 **태어난 달 찾기**에서 오월午月에 해당하고, **태어난 시 찾기**에서 신시申時에 해당한다면, 명궁은 묘궁이 되는 것입니다. 이를 표에 나타내 보면 다음과 같습니다.

월 시	인월 寅月	묘월 卯月	진월 辰月	사월 巳月	오월 午月	미월 未月	신월 申月	유월 酉月	술월 戌月	해월 亥月	자월 子月	축월 丑月
자시 子時	묘	인	축	자	해	술	유	신	미	오	사	진
축시 丑時	인	축	자	해	술	유	신	미	오	사	진	묘
인시 寅時	축	자	해	술	유	신	미	오	사	진	묘	인
묘시 卯時	자	해	술	유	신	미	오	사	진	묘	인	축
진시 辰時	해	술	유	신	미	오	사	진	묘	인	축	자
사시 巳時	술	유	신	미	오	사	진	묘	인	축	자	해
오시 午時	유	신	미	오	사	진	묘	인	축	자	해	술
미시 未時	신	미	오	사	진	묘	인	축	자	해	술	유
신시 申時	미	오	사	진	묘	인	축	자	해	술	유	신
유시 酉時	오	사	진	묘	인	축	자	해	술	유	신	미
술시 戌時	사	진	묘	인	축	자	해	술	유	신	미	오
해시 亥時	진	묘	인	축	자	해	술	유	신	미	오	사

2) 명궁 길흉 궁합표

서로의 명궁을 찾았으면 서로의 명궁을 맞추어 보아 궁합의 길흉을 판단하시기 바랍니다.

특히 사주로 궁합을 볼 때 참고하시기 바랍니다.

길 - 좋은 궁합

중 - 보통인 길하지도 흉하지도 않은 궁합

흉 - 나쁜 궁합

남자명궁 / 여자명궁	자	축	인	묘	진	사	오	미	신	유	술	해
자	길	길	중	중	길	흉	흉	흉	길	중	중	흉
축	길	길	중	중	중	중	흉	흉	중	길	중	중
인	중	중	길	흉	중	중	길	중	흉	흉	중	중
묘	중	중	흉	길	흉	중	중	길	흉	흉	중	길
진	길	중	중	흉	길	중	중	중	중	중	흉	흉
사	흉	중	중	중	중	길	흉	중	중	길	중	흉
오	흉	흉	길	중	중	흉	길	길	중	중	길	흉
미	흉	흉	중	길	중	중	길	길	중	중	중	중
신	길	중	흉	흉	중	중	중	중	길	흉	흉	중
유	중	길	흉	흉	중	길	중	중	흉	길	흉	중
술	중	중	중	중	흉	중	길	중	흉	흉	길	중
해	흉	중	중	길	흉	흉	흉	중	중	중	중	길

5. 성명姓名으로 풀어보는 궁합

　본인을 찾아 오셔서 상담하시는 분들 중 부부관계에 있어서 궁합을 묻고는 혹시 '이름이 나빠서 그런가요?' 혹은 '제 이름 너무 촌스럽죠?' 라고 하시는 분들을 보곤 합니다.
　그래서 필자가 성명학을 연구해보니, 과연 그런 영향이 있다는 것을 인정하지 않을 수 없었습니다.
　본디 성명은 내가 아닌 부모님이나 일가친척 혹은 지인, 철학원등에서 지어 준 것을 가지고 평생을 살아가는 것인데, 이 성명도 서로 맞는 궁합이 있는가 하면 서로 맞지 않는 궁합이 있더라는 것입니다.
　성명학은 대단히 심오한 오행의 이치와 격물치지의 이치를 담고 있기 때문에 예서는 간단한 궁합법만을 설명 드리도록 하겠습니다.
　대단히 심오하다는 것은 성명을 볼 때에 사주팔자를 꿰뚫고 있어야 하며 격물치지에 통달을 하여야 하고, 우주의 근본이치까지 아우르는 공부가 되어 있어야 감히 말할 수 있다고 생각했기 때문입니다. 예컨대, 물 수水자가 4획이고, 불 화火자가 4획인데 획수가 같다고 해서 어찌 획수만 가지고 논할 것이냐 등의 그 심오한 역리易理가 숨어 있는 것입니다.

  그래서 비법을 일부만 공개하여 간단히 성명으로 맞춰보는 성명 궁합법을 설명하겠습니다. 간단하다고 해서 무시하여서는 안 될 것입니다.

  그리고 개인적 대인관계나 회사생활, 거래처의 사업자와의 관계, 채권자와 채무자의 관계 등에 있어서도 납음오행궁합법과 같이 적용해 보면 도움이 될 것입니다.

1) 성명의 구조

　집을 짓는데 있어서 사주가 네 기둥이라면 이름은 지붕이라고 생각하시면 됩니다.
　네 기둥이 아무리 튼튼하여도 지붕이 부실하면 언제 무너질지 모르는 지붕 밑에서 항상 불안에 떨며 살아가는 이치와 같습니다.
　기둥과 지붕 모두 튼튼해야 편안하게 마음 놓고 살아갈 수 있는 것이라 할 것입니다.
　성명 궁합은 지붕을 두 사람이 만드는 것과 같은 이치이요, 성명 궁합이 맞지 않으면 지붕이 부실한 것과 같으니 참고하시면 많은 도움이 되실 겁니다.
　이 성명궁합을 사업적인 대인관계 등 모든 인간관계에 적용하여 보시면 도움이 되실 것입니다.
　그러면 성명의 구조를 먼저 설명을 드리고 차후에 궁합 해설에 대하여 말씀드리겠습니다.

① 성명 적용 및 구조의 예

성명 1자와 이름 2자인 예

사계절	사격四格	후천운後天運 획수의 합	성명	선천운先天運 획수	삼재三才	삼원三元
봄	원격元格	明 + 昊 = 23	李	7	천天	부父 태양
여름	형격亨格	李 + 明 = 15	明	8	인人	본인本人 만물
가을	리격利格	李 + 昊 = 15	昊	8	지地	모母 지구
겨울	정격貞格	李 + 明 + 昊 = 23				

성명 2자와 이름 2자인 예

사계절	사격四格	후천운後天運 획수의 합	성명	선천운先天運 획수	삼재三才	삼원三元
봄	원격元格	一 + 中 = 5	南宮	19	천天	부父 태양
여름	형격亨格	南宮 + 一 = 20	一	1	인人	본인本人 만물
가을	리격利格	南宮 + 中 = 23	中	4	지地	모母 지구
겨울	정격貞格	南宮 + 一 + 中 = 24				

성명 1자와 이름 1자 이거나 성명 2자와 이름 1자인 예

사계절	사격四格	후천운後天運 획수의 합	성명	선천운先天運 획수	삼재三才	삼원三元
봄	원격元格	日 = 4	金	8	천天	부父 태양
여름	형격亨格	金 + 日 = 12			인人	본인本人 만물
가을	리격利格	金 = 8	日	4	지地	모母 지구
겨울	정격貞格	金 + 日 = 12				

② 획수로 본 오행

'형격亨格'을 가지고 해당하는 오행을 정하는데 '형격의 획수'가,
1획과 2획이면 목木
3획과 4획이면 화火
5획과 6획이면 토土
7획과 8획이면 금金
9획과 10획이면 수水
10이상 넘어가는 획수는 10으로 나누어 나머지 획수를 사용합니다.
예를 들면,
10획÷10=1 … 나머지는 0인데, 나머지 '0'은 '10'획으로 봅니다.
10획이니 오행으로는 '수水'에 해당이 됩니다.
25획÷10=2 … 나머지는 5이니, 나머지 '5'는 5획으로 봅니다.
5획이니 오행으로는 '토土'에 해당이 됩니다.

※ 성명학에서 틀리기 쉬운 획수의 예
심沈 - 7획이지만 8획으로 봅니다.(삼수변(氵)은 3획수가 아니라 4획수로
    봅니다. 삼수변의 다른 글자도 마찬가지입니다.)
방芳 - 8획이지만 10획으로 봅니다.(풀초변(艹)은 4획수가 아니라 6획수
    로 봅니다. 풀초변의 다른 글자도 마찬가지입니다.)
소邵 - 8획이지만 12획으로 봅니다.(우부방(阝)은 3획수가 아니라 8획수
    로 봅니다. 우부방의 다른 글자도 마찬가지입니다.)
양陽 - 12획이지만 17획으로 봅니다.(좌부변(阝)은 3획수가 아니라 8획수
    로 봅니다. 좌부변의 다른 글자도 마찬가지입니다.)
연連 - 11획이지만 14획으로 봅니다.(책받침은 4획수가 아니라 7획수로

봅니다. 책받침의 다른 글자도 마찬가지입니다.)

구狗 - 8획이지만 9획으로 봅니다.(개사슴록변은 3획수가 아니라 4획수로 봅니다. 개사슴록변의 다른 글자도 마찬가지입니다.)

각珏 - 9획이지만 10획으로 봅니다.(구슬옥변은 4획수가 아니라 5획수로 봅니다. 구슬옥변의 다른 글자도 마찬가지입니다.)

연延 - 7획 그대로 봅니다.

승勝 - 12획 그대로 봅니다.

숫자로 된 글자는 획수에 관계없이 그대로 숫자를 적용합니다.

일壹=1, 이貳=2, 삼參=3, 사四=4, 오五=5, 육六=6, 칠七=7, 팔八=8, 구九=9, 십十=10획 등

2) 성명 궁합 해설

위에서 형격의 획수와 그에 맞는 오행을 찾으셨나요?

잘 모르시겠으면 다시 한번 읽어 주시고 그래도 모르시겠으면 연락 주시기 바랍니다.

형격획수를 찾아 정한 오행을 가지고 궁합의 길흉을 비교해 보시기 바랍니다.

위의 예에서 '李 明 昊'의 경우,

형격은 李 + 明 = 15이니 15÷10=1 나머지 5가 되어, 나머지 5는 오행상 土에 속하게 되는 것입니다.

예컨대, 남자가 형격이 土이고 여자는 형격이 金이면 남토여금男土女金 - 유곡회춘격幽谷回春格의 길한 궁합이 됩니다.

남자형격 여자형격	목	화	토	금	수
목	입신출세격	부귀안태격	허명무실격	추풍낙엽격	만화방창격
화	고목봉춘격	개화봉우격	춘일방창격	병고신음격	일엽편주격
토	속성속패격	미려강산격	일경일고격	대지대업격	강상풍파격
금	불화쟁론격	사고무친격	유곡회춘격	고독재난격	순풍순성격
수	대부대귀격	병난신고격	일장춘몽격	발전평안격	평지풍파격

남목여목男木女木 - 입신출세격立身出世格

 자수성가하여 출세하는 격이니, 두 사람이 서로 의지하여 매사를 긍정적으로 처리해 나가며 각자의 맡은 일에 충실한 궁합입니다. 비록 하는 일은 다르다 하지만 험난한 세상을 서로에게 의지를 하며 살아가는 형국이니 남자가 출세를 하거나 혹은 여자가 출세를 하거나 하여 이름을 세상에 낼 수 있는 궁합인 것입니다. 자손이 번창 하며 귀자를 얻어 만년에도 부귀영화를 누릴 수 있는 궁합입니다.

남목여화男木女火 - 고목봉춘격枯木逢春格

 고목이 봄을 맞이하는 격이니, 처음의 만남은 보잘것없지만 세월이 흐를수록 두 사람의 만남은 그 진가를 발휘하게 되는 궁합입니다. 자상한 남자요, 애교 있는 여자이니 비록 가진 것은 풍족하지 못하다하여도 화목한 가정을 이루어 나갈 수 있으며, 자손을 낳으면 부귀 공명하여 재물과 명예가 따르는 궁합입니다. 대기 만성하는 궁합인 것입니다.

남목여토男木女土 - 속성속패격速成速敗格

 빨리 흥하고 빨리 망하는 격이니, 두 사람의 만남이 처음에는 불꽃처럼 타올랐다하여도 차차 그 열기가 식어져 다툼이 잦아지고 결국에는 좋지 못한 결과로 이별을 할 수도 있는 궁합입니다. 공연히 서로가 미워지며 자손들도 불손하여 효도치 않게 되며, 한 번은 크게 성공을 거둔다하여도 그 성공을 유지하기 어려운 궁합인 것입니다. 갈수록 가세가 기울어 결국 파경을 맞이하는 궁합입니다.

남목여금男木女金 - 불화쟁론격不和爭論格

 서로 화합하지 못하고 다툼이 많은 격이니, 두 사람이 만나면 서로 잘난 체를 하는 바람에 매사에 충돌이 많은 궁합입니다. 남자는 고집으로 맞서게 되며, 여자는 강퍅한 성격으로 맞서는 형국이니 세월이 지나면 지날수록 원수지간이 될 수도 있는 궁합인 것입니다. 서로에게 무리한 요구를 서슴지 않으니 상대방은 항상 정신적 압박감속에 살아가게 되는 궁합인 것입니다.

남목여수男木女水 - 대부대귀격大富大貴格

 큰 부자요, 귀한 인물이 배출되는 격이니, 부부간에 서로 화합하며 이해를 잘 해주는 배려심이 풍부하여 편안한 마음으로 세상을 살아가는 궁합입니다. 앞에서 끌고 뒤에서 밀며 눈빛만 보아도 서로의 마음을 헤아릴 수 있으니, 모든 일에 불가능이란 없다는 듯이 세상일을 헤쳐 나가는 궁합입니다. 후덕한 인간미가 넘치는 부부이므로 세상 사람들이 존경하는 궁합이니 종래에는 대부대귀하는 궁합인 것입니다.

남화여목男火女木 - 부귀안태격富貴安泰格

 부귀하고 태평성대를 이루는 격이니, 부부가 화합하는 상으로 남자는 진취적인 추진력으로 매사에 임하며, 여자는 불굴의 의지와 지혜로 내조를 다하니 종래에는 부귀공명을 얻어 세상에 이름을 내는 궁합입니다. 집안이 편안하니 자손이 흥왕하여 출세를 하며 일가친척이 화합하니 큰 세력을 이루어 세상 사람들에게 베풀고 지도하는 위치에 서게 되는 궁합입니다.

남화여화男火女火 - 개화봉우격開花逢雨格

 꽃이 피어 있는데 소낙비를 만난 격이니, 두 사람이 비록 성향은 같아 마음이 잘 통한다하여도 주변 환경이 두 사람을 갈라 놓으려하는 기운이 엿보이는 궁합입니다. 서로 화통한 성격을 자랑하지만 그러한 성격으로 인하여 처음 출발은 잘하는 듯하나 항상 마무리를 하지 못하여 결과를 얻어내지 못하니 안정을 찾기 어려운 궁합인 것입니다. 겉은 화려하지만 언제 어떻게 될지 모르는 만남인 것입니다.

남화여토男火女土 - 미려강산격美麗江山格

 아름다운 강산을 이룬 격이니, 두 사람의 만남은 하늘이 맺어 준 천생연분이라. 아무리 어려운 고난이 있다하여도 항상 밝은 모습을 잃지 않고 살아가는 궁합인 것입니다. 살아가면서 점점 가세가 넉넉하여지고 귀자를 얻어 훌륭하게 되니 세상 부러울 것이 없고, 세상 사람들이 칭송해 마지않으니 그 이름이 사해에 떨쳐지는 궁합인 것입니다. 항상 유유자적한 마음으로 사람을 대하니 복이 절로 들어오는 궁합인 것입니다.

남화여금男火女金 - 사고무친격四顧無親格

 사방을 둘러보아도 나를 도울 사람이 없는 격이니, 어렵게 만난 사이인 고로 일가친척이나 친구들을 뒤로 한 체 세상의 눈을 피하여 살아가는 궁합입니다. 처음은 불타는 사랑으로 만났지만 날이 갈수록 서로에 대한 원망이 커져만 가니, 종래에는 생이별을 할 수도 있게 되는 궁합인 것입니다. 세상살이가 고난의 연속이나 정작 두 사람을 도와줄 이가 없으니 세상을 원망하며 살아가는 궁합인 것입니다.

남화여수男火女水 - 병난신고격病難辛苦格

　병으로 고생하는 격이니, 두 사람의 사랑이 깊다하여도 긴 병에 효자 없다는 말도 있듯이 재물과 질병의 어려움으로 사랑은 점점 식어가 종래에는 이별을 하게 되는 궁합입니다. 누구를 원망하리요, 인연이 박하여 하늘이 두 사람을 갈라놓는 것인데, 이를 극복하고자 한다면 더 큰 중병을 얻어 돌이킬 수 없는 곳으로 가게 되는 궁합입니다. 재물이 흩어지고 자손이 불전하니 안타까움만 더해가는 궁합인 것입니다.

남토여목男土女木 - 허명무실격虛名無實格

　이름만 있지 실속이 없는 격이니, 이해관계로 만나게 되는 두 사람이 가식적인 사랑을 한다하여도 그것은 동물적인 일시적 감정 때문에 생겨난 인연이 되므로 오래 가지 못하고 파경을 맞이하는 궁합입니다. 부부라고는 하지만 서로의 개성이 뚜렷하여 각자의 길을 생각하고 있으니 화합은 말뿐이요, 딴 주머니를 차고 있는 격이니 항상 거짓으로 상대를 대하게 되어 결국 파경을 맞이하게 되는 궁합입니다.

남토여화男土女火 - 춘일방창격春日芳蒼格

　따뜻한 봄날에 꽃이 만발하고 푸르름을 더해가는 격이니, 부부가 서로 화락하고 자손이 창성하여 부귀영화를 누리며 사는 궁합입니다. 항상 따뜻한 마음으로 상대방을 배려해 주니 마음이 편하여 하는 일이 순조롭고, 그로인하여 화목한 가정 분위기가 이루어지니 자손이 부모에게 효도하고 사회에 봉사하며 종래에는 그 이름이 세상에 알려져 부귀공명을 얻을 수 있는 궁합인 것입니다.

남토여토男土女土 - 일경일고격一慶一苦格

한 번은 경사스럽고 한 번은 어려움을 겪는 격이니, 두 사람이 세상을 살아 나아가는데, 고초가 예상되는 궁합입니다. 그러나 그 어려움을 합심하여 극복해 나아가니 오뚜기 같은 인생의 역정을 살아내는 궁합인 것입니다. 어찌 보면 사람으로 태어나 가장 바람직한 인생살이라고도 생각되어지는 궁합인데, 일희일비一喜一悲하는 아픔이 있어 이를 슬기롭게 이겨나가야 할 것입니다.

남토여금男土女金 - 유곡회춘격幽谷回春格

깊은 계곡에도 때가 되면 봄은 어김없이 찾아오는 격이니, 두 사람의 만남이 경제적, 사회적으로 어려운 만남이지만 세월이 흐르면 흐를수록 좋은 시절이 다가와 마침내는 부귀영화를 누리며 살아가는 궁합입니다. 자손이 효도하고 재산이 점점 늘어나니 세상 사람들이 두 사람을 칭송해 마지않는 궁합인 것입니다. 아무리 어렵고 험난한 인생길이라도 묵묵히 걸어온 결과라고 할 것입니다.

남토여수男土女水 - 일장춘몽격一場春夢格

한바탕 화려한 봄날의 꿈인 격이니, 비록 두 사람의 만남이 세상 사람들의 부러움을 한껏 받고 시작한 것이라 하여도 어느 한 순간에 파경을 맞이할 수도 있는 궁합입니다. 서로의 능력과 재주를 너무 믿다가 원숭이도 나무에서 떨어지는 날이 있듯이 잘 나가던 일들이 하루아침에 몰락을 하여 두 사람은 어쩔 수 없이 파경을 맞이하게 되는 궁합인 것입니다. 날이 갈수록 재산은 탕진되고 자손은 불전하게 되니 걱정으로 한탄을 하게 되는 궁합입니다.

남금여목男金女木 - 추풍낙엽격秋風落葉格

 가을바람에 떨어지는 낙엽인 격이니, 두 사람의 만남은 날이 갈수록 어려움에 봉착하고 두 사람의 성격이 맞질 않아 다툼이 잦아지니 종래에는 이별을 하게 되는 궁합입니다. 세월이 흐르면 흐를수록 서로의 단점이 드러나 만나기만 하면 신경질적으로 변하게 되니 사는 것이 사는 것이 아니라 괴로움의 연속인 궁합인 것입니다. 재산 싸움으로 허송세월을 할 가능성이 많은 궁합이기도 합니다.

남금여화男金女火 - 병고신음격病苦呻吟格

 병으로 고통 받으며 신음하는 격이니, 두 사람에게 뜻하지 않은 병마가 찾아와 어려움을 겪는 궁합입니다. 남에게 싫은 소리 한 번 하지 않고 잘못을 저지르지도 않았는데, 이런 시련과 고통을 하늘이 내리니 어찌 인연이라고 하리요. 원래는 인연이 아닌 사람들이 만나 하늘의 뜻을 거스르고 살아가려 하지만, 이는 인간의 욕심으로 이루어진 것이니 종래에는 파경을 맞이하는 궁합인 것입니다.

남금여토男金女土 - 대지대업격大志大業格

 큰 뜻을 품고 큰 뜻을 이루는 격이니, 두 사람은 평범한 만남이 아니요, 처음부터의 만남이 범상치 않은 만남이니 세상 사람들의 존경을 한껏 받으며 살아가는 궁합입니다. 두 사람이 마음먹은 뜻이 만인을 구제 중생하는 큰 뜻이므로 보통 사람들로는 상상하지 못하는 부분이고, 평범한 가정을 이루며 살아가는 부부는 아닌 것입니다. 나라와 민족을 위하여 살아가는 경우가 종종 있는 궁합인 것입니다.

남금여금男金女金 - 고독재난격孤獨災難格

 고독과 재난이 끊이지 않는 격이니, 두 사람은 성격적으로 서로의 주장이 강하여 그 누구도 조언을 해 줄 수 없는 인연이므로 눈과 귀와 입이 막혀있는 실패와 고난의 연속인 궁합입니다. 한 방에 있어도 자신의 영역을 고수하게 되므로 부부라고 하기에는 너무 먼 당신이니 같이 살 뿐이지 남보다 못한 궁합인 것입니다. 이를 보고 자라나는 자손 역시 불효하게 되므로 종래에는 파경을 맞이하게 되는 궁합인 것입니다.

남금여수男金女水 - 발전평안격發展平安格

 발전하고 평안한 격이니, 남자는 강한 추진력과 남에게 뒤지지 않으려는 의지로 가정을 이끌어가며, 여자는 외유내강한 현모양처로서 가정을 돌보니 어디 하나 빈틈없는 가정을 꾸려가게 되는 궁합입니다. 재산은 날로 늘어나며 자손은 효도하여 명예를 얻게 되니 세상 사람들이 우러러 칭송하며, 일가친척과 지인들의 출입이 예사롭지 않아 지역의 대가를 이룰 수 있는 궁합인 것입니다.

남수여목男水女木 - 만화방창격萬花芳昌格

 만 가지 꽃들이 화려하게 만발한 격이니, 두 사람의 만남은 만나면서부터 고기가 물을 만난 것처럼 하루하루가 다르게 재산이 늘어나고 하는 일마다 성공을 거두어 세상의 부러움을 사는 궁합입니다. 자손은 효도하고 부귀공명을 하게 되며, 만년에는 수많은 부하들을 거느리게 되는 궁합인 것입니다. 가정은 화목하고 항상 내방객들이 끊이질 않으니 잔치집 아닌 잔치집이 되는 가정을 이루며 살 것입니다.

남수여화男水女火 - 일엽편주격一葉片舟格

　나뭇잎처럼 작은 조각배를 타고 바다를 건너는 격이니, 두 사람은 처음에는 굳은 의지로 풍파를 헤쳐 나갈 것을 다짐하지만 세월이 흐를수록 기력이 떨어져 결국 목적지에 다다르지 못하고 파경을 맞이하는 궁합입니다. 처음 가정을 이루었던 시절에 가난의 굴레에서 벗어나지 못하고 사업실패와 잦은 질병으로 자손들도 불전하며, 일가친척이나 지인들이 등을 돌리는 궁합인 것입니다.

남수여토男水女土 - 강상풍파격江上風波格

　강 위에서 풍랑을 만난 격이니, 두 사람의 만남이 처음은 순조로운 듯하니 어느 날 갑자기 질병이나 사고, 재산의 부도 등 어려움을 만나게 되는 궁합입니다. 어려움을 극복하려고 동분서주하여 보나 고립된 환경이니 어찌 하여보지도 못하고 파경을 맞게 되는 궁합인 것입니다. 만일 건강을 철저히 지켜나간다면 강인한 체력을 바탕으로 반드시 기사회생할 수 있는 길이 열리는 궁합이기도 합니다.

남수여금男水女金 - 순풍순성격順風順成格

　순풍에 배가 잘 가듯이 모든 일이 순조롭게 이루어지는 격이니, 비록 만남은 화려하지 않았어도 날이 갈수록 가세가 늘어나고 하는 일이 순조로워 큰 성공을 거두는 궁합입니다. 모든 것이 정직하고 후덕한 마음으로 세상 사람들을 대한 연유입니다. 순풍에 돛을 달고 항해하는 것처럼 매사에 막힘이 없으니 그 만큼 마음도 풍요해져서 많이 벌고 많이 베푸니 만인이 우러르며, 자손 또한 효도하는 궁합입니다.

남수여수男水女水 - 평지풍파격平地風波格

 평지에 가만히 있어도 풍파를 당하는 격이니, 두 사람의 앞길이 순조로운 듯 보이나 뜻밖에 막힘이 많고 질병이 쉽게 찾아오는 궁합인 것입니다. 자빠져도 코가 깨지는 격으로 한마디로 재수가 없는 궁합입니다. 두 사람이 함께 있어도 함께 있는 것 같지 않고, 떨어져 있어도 그립지 않으니 사소한 일로도 남처럼 다툼이 잦아 결국 파경을 맡게 되는 궁합인 것입니다. 다시 말하여, 시시비비是是非非를 좋아하여 말다툼이 잦은 궁합입니다.

6. 주역점으로 알아보는 궁합

　지금까지 여러 가지 궁합을 맞추어 보는 법을 설명 드렸는데, 특히 혼기를 앞두신 분들은 배우자 선택에 있어서 내면적 갈등이 많으시리라고 생각해 봅니다.
　그래서 예로부터 현인들이 어려움에 직면하거나 도저히 결정적인 답을 내릴 수 없을 때에는 주역에 의한 점을 이용하여 답을 얻곤 하였다고 합니다.
　현대를 살아가는 우리도 항상 이것이냐, 저것이냐의 결단이 필요한데, 그 결단은 최선의 방법을 다한 연후에 내리는 결단이어야 하지 처음부터 노력도 하지 않고 손쉽게 결단부터 내리려 한다면 반드시 좋지 않은 결과를 얻게 될 것입니다.
　주역 점으로 알아보는 궁합은 그러한 결단에 다소 도움을 주지 않을까하는 바램에서 소개 합니다.
　참고하셔서 좋은 배우자를 만나시기 바랍니다.
　주역 점은 배우자와의 관계나 배우자의 친지 혹은 지인들과의 방해 요소라든지 여러 가지 해법을 제시하여 주고 있으니 이를 참고하신다면 신중한 결단을 얻을 수 있을 것이리라 확신하는 바입니다.

1) 준비물

동전 1개를 준비합니다. 백 원짜리든, 5백 원짜리든 상관없습니다. 그리고 종이와 필기구를 준비합니다.

2) 주역 점치는 방법

순서대로 따라 하시면 됩니다. 척전법擲錢法이라고도 합니다. 동전점이라는 뜻입니다.

① 동전의 앞면(그림이 그려있는 면), 동전의 뒷면(숫자가 그려있는 면)을 확인한다.

② 동전의 앞면은 다음과 같은 앞면기호로 나타냅니다.

▬▬▬▬

동전의 뒷면은 다음과 같은 뒷면기호로 나타냅니다.

▬ ▬

이런 모양이라고 생각해 두거나, 잊어버릴 것 같으면 종이에 그려 놓습니다.

③ 혼자 있는 장소에서 진정으로 경건한 마음자세를 갖고 시작합니다.

④ 주의할 점은 점을 치는 것은 단 한 번으로 끝낸다. 여러 번 반복하여 점을 치면 절대 안 됩니다.

⑤ 동전을 던질 깨끗한 보자기나 넓고 깨끗한 종이를 바닥에 깔아 놓습니다.

⑥ 동전을 손바닥에 올려놓고 양손바닥을 둥글게 합한 후, 동전을

흔들어서 바닥에 조심스럽게 던집니다.
⑦ 동전을 첫 번째 던집니다.
바닥에 떨어진 동전의 앞면이 나왔으면 앞면의 기호를, 뒷면이 나왔으면 뒷면의 기호를 준비된 종이에 맨 아래부터 그려나갑니다.
⑧ 동전을 두 번째 던집니다.
바닥에 떨어진 동전의 앞면이 나왔으면 앞면의 기호를, 뒷면이 나왔으면 뒷면의 기호를 준비된 종이에 첫 번째 그려진 동전의 기호 위에 그립니다.
⑨ 동전을 세 번째 던집니다.
바닥에 떨어진 동전의 앞면이 나왔으면 앞면의 기호를, 뒷면이 나왔으면 뒷면의 기호를 준비된 종이에 두 번째 그려진 동전의 기호 위에 그립니다.
⑩ 동전을 네 번째 던집니다.
바닥에 떨어진 동전의 앞면이 나왔으면 앞면의 기호를, 뒷면이 나왔으면 뒷면의 기호를 준비된 종이에 세 번째 그려진 동전의 기호 위에 그립니다.
⑪ 동전을 다섯 번째 던집니다.
바닥에 떨어진 동전의 앞면이 나왔으면 앞면의 기호를, 뒷면이 나왔으면 뒷면의 기호를 준비된 종이에 네 번째 그려진 동전의 기호 위에 그립니다.
⑫ 동전을 여섯 번째 던집니다.
바닥에 떨어진 동전의 앞면이 나왔으면 앞면의 기호를, 뒷면이 나왔으면 뒷면의 기호를 준비된 종이에 다섯 번째 그려진 동전의 기호 위에 그립니다.

⑬ 여섯 줄의 완성된 그림이 되었나요?
예를 들면,
동전을 다음과 같은 차례대로 여섯 번 던졌는데,
첫 번째 - 동전의 앞면,
두 번째 - 동전의 뒷면,
세 번째 - 동전의 뒷면,
네 번째 - 동전의 뒷면,
다섯 번째 - 동전의 앞면,
여섯 번째 - 동전의 앞면 이었다면 다음과 같은 기호가 완성됩니다.

⑭ 그 다음, ⑬의 그림과 같은 모양의 기호에 대한 해설을 보시면 되는 것입니다.
⑮ 즉, 동전을 던져 완성된 그림을 가지고 해당되는 해설을 찾아 읽으시기 바랍니다.

3) 주역 점 해설

건위천乾爲天

여자에게는 좋은 운으로 작용합니다만 남자에게는 좋지 못합니다. 남자가 자존심을 굽히고 여자의 집으로 들어가는 형국입니다.

곤위지坤爲地

두 사람이 아주 훌륭하고 이상적인 인연이지만, 급히 서두르면 반드시 장애가 발생합니다. 주의하셔야 합니다.

수뢰둔水雷屯

인연의 연결이 다소 늦어집니다. 약 4~5개월 뒤에 인연이 성사될 것입니다.

수천수水天需
아직 혼인 할 때가 아니므로 강행하면 반드시 후회할 것입니다.

천수송天水訟
손 윗사람이 혼례물이나 재산의 과다를 가지고 시비하므로 혼담은 성립되지 않습니다.

지수사地水師
상대방과 다툼이 끊임없이 일어나므로 흉합니다. 다만 재혼의 경우는 길합니다.

수지비水地比
상대가 좋은 인연이므로 서둘러야 합니다. 늦어지면 기회를 잃게 됩니다.

풍천소축風天小畜

여러 번의 교섭이 있은 다음에 혼담이 이루어집니다.

천택리天澤履

한 번은 혼담이 틀어지는 경우가 있으나 종래에는 성사가 됩니다. 그래도 마음은 불안합니다.

지천태地天泰

상대는 좋은 인연입니다. 그러나 가까이 있는 사람 가운데 방해자가 있어서 우여곡절 끝에 혼사가 성립됩니다.

천지부天地否

혼담에 약간의 장애가 있으나 한 쪽에서 양보만 한다면 쉽게 이루어집니다.

천화동인天火同人

상대가 재혼이거나 본인들끼리의 일방적인 약속일 경우가 많습니다. 그러나 약간의 불안 요소는 있어 서로가 딴 생각을 하고 있는 듯 느껴집니다.

화천대유火天大有

혼담이 약간 늦어질 수 있으나 성사됩니다. 그러나 여자쪽이 나서면 혼담이 깨질 염려가 있습니다.

지산겸地山謙

손윗사람에게 혼담을 부탁하거나 맡겨두면 좋은 인연을 얻을 수 있습니다.

뇌지예雷地豫

혼담이 잘 진행됩니다. 다만 상대의 가정에 약간의 말썽이 있으나 염려할 만한 것은 못됩니다.

택뢰수澤雷隨
혼사를 상대 쪽에서 대단히 원하고 있으니 빨리 성취될 것입니다.

지택림地澤臨
자신의 어머니나 상대의 손위 여성의 의견을 따르면 길합니다.

풍지관風地觀
상대편에서 스스로 원해오면 이루어집니다. 그러나 이쪽편에서 원하면 이루어지지 않습니다.

화뢰서합火雷噬合
서로 방해가 있는 경우입니다. 일가친척의 반대가 있어서 혼담이 진척이 되지 않습니다.

산화비山火賁

　혼담은 결국 성립되지 않습니다. 모든 예상되었던 일들이 빗나가 버리는 형국입니다.

산지박山地剝

　초혼이면 흉하고 재혼이면 길합니다.

지뢰복地雷復

　재혼이면 길하고 초혼이면 두 번째 거론된 혼담처가 길합니다.

천뢰무망天雷无妄

　정당한 방법과 성실한 마음으로 추진한다면 반드시 이루어 집니다. 재혼이면 더욱 길합니다.

산천대축山天大畜
너무 급하게 서두르면 불리합니다. 침착하게 시간적 여유를 가지고 추진한다면 좋은 혼처를 얻게 됩니다.

산뢰이山雷頤
혼담은 성립됩니다. 그러나 경제적으로 무리가 따르게 되어 혼사 후 부부가 맞벌이를 하게 될 수도 있습니다.

택풍대과澤風大過
혼담은 이루어지지 않습니다. 무리하게 추진한다면 한 쪽에 무리가 생기게 되어 사고가 납니다. 그러나 재혼이나 나이차가 많은 혼담은 이루어집니다.

감위수坎爲水
혼담을 당분간 중지하는 것이 좋습니다.

이위화離爲火

혼담을 당분간 중지하는 것이 좋습니다. 이곳저곳에서 혼담이 오가지만 마음이 산란하여 이루어지지 않습니다.

택산함澤山咸

대단히 좋은 인연을 만납니다. 손윗사람에게 부탁하면 빨리 이루어집니다.

뇌풍항雷風恒

서로 마음에 썩 들지는 않으나 나쁜 인연은 아닙니다.

천산돈天山遯

혼담은 성립되지 않습니다.

뇌천대장雷天大壯

혼담을 중매하는 사람이 거짓말을 합니다. 혼인을 하면 낭패를 봅니다.

화지진火地晉

좋은 인연을 만납니다.

지화명이地火明夷

대단히 마음에 드는 혼담이지만 결국 성립되지 않습니다.

풍화가인風火家人

혼사를 친절하고 상냥한 여인에게 부탁하면 좋은 인연을 얻을 수 있습니다.

화택규火澤睽
혼담을 중지하는 것이 현명합니다.

수산건水山蹇
혼담이 오가는데, 말만 그럴듯하고 실속이 없습니다. 그만두는 것이 좋습니다.

뇌수해雷水解
혼담을 오래 끌면 성사되지 않습니다.

산택손山澤損
현재의 인연은 좋은 인연입니다. 그러나 급하게 서두르면 낭패를 봅니다.

풍뢰익風雷益
혼담이 조금 성급하게 서두는 경향이 있어 염려되나 결국 이루어집니다.

택천쾌澤天決
좋은 인연이나 뒷조사를 철저히 해야 낭패를 보지 않습니다.

천풍구天風姤
손윗사람의 방해로 이루어지지 않습니다.

택지췌澤地萃
혼담은 길합니다. 그러나 오래 끌면 안될지도 모르니 중매자가 필요하며 혼담이 깨질지도 모르니 아직 둘만의 결정적인 말이나 행위는 금물입니다.

지풍승地風升
현재의 인연이 좋은 인연입니다.

택수곤澤水困
서로 오가는 말이 안 통하는 듯하지만 손윗사람의 중매가 있으면 성립할 것이며, 좋은 인연이 될 것입니다.

수풍정水風井
처음은 수조롭게 진행되나 결국은 파경을 하고 맙니다.

택화혁澤火革
혼담을 급히 서둘지 말아야 합니다. 초혼은 불리하며 재혼은 길합니다.

화풍정火風鼎

상대편에서 혼담의 약속을 기다리고 있으며 결국 혼담은 성립합니다.

진위뢰震爲雷

초혼의 혼담은 흉하고 재혼의 혼담은 길합니다.

간위산艮爲山

혼담이 몇 번이고 오가지만 결국 성사되지 않습니다.

풍산점風山漸

지금의 인연이 좋은 인연입니다.

뢰화풍雷火豊

말로 듣기에는 혼담이 좋게 느껴지지만 실제로는 그렇지 못한 혼담입니다.

화산려火山旅

혼담이 이루어지지만 오래가지 못하고 파경을 맞습니다.

손위풍巽爲風

서로 괴로운 사정이 많은 혼담입니다. 심사숙고하여야 합니다.

태위택兌爲澤

혼담에 약간의 어려움이 있습니다. 잘 알아보고 하여야 합니다. 재혼은 길합니다.

풍수환風水渙

혼담은 이루어집니다. 그러나 세심한 주의를 하지 않으면 방해가 생깁니다.

수택절水澤節

혼담은 이루어집니다. 그러나 급히 서두르면 부작용이 생깁니다.

풍택중부風澤中孚

혼담 전부를 손윗사람에게 맡기면 좋은 인연이 생깁니다.

뇌산소과雷山小過

혼담에 있어서 하찮은 일에 고민을 하게 되며, 모두가 말뿐이고 진행이 되지 않습니다.

수화기제水火旣濟

혼담은 이루어지나 나중에 불만이 생겨납니다. 그러니 철저한 준비와 조사로 혼담을 처리해야 합니다.

화수미제火水未濟

혼담이 처음에는 이루어질 것 같지 않았으나 나중에는 이루어집니다.

7. 결혼날 잡기

1) 생기법生氣法

결혼 길일을 찾을 때 사용하십시오.

적용하는 나이는 만나이가 아닌 우리 나이로 적용합니다.

예를 들면, 현재가 2007년 3월이라고 하면, 1990년 7월생은 만나이로는 생일이 아직 지나지 않아 만 16세이지만, 우리 나이로는 18세가 되는데, 이는 태아기胎兒期에도 태아胎兒가 한 사람의 인격체人格體라고 보는 견해이니 태아胎兒가 포태胞胎된 기간도 한 살로 가산加算하고, 해가 바뀌면 무조건 한 살을 가산加算하는 방법이기 때문입니다.

※ 나이계산법 : (현재 년도) − (태어난 년도) + (태아기 한 살) = 나이

예) (2007년) − (1965년) + (태아기 한 살) = 42 + 1 = 43세.

남자가 길일로 '복덕일'을 찾는다면, '남자 - 생기법조견표生氣法早見表'에서 '43'의 숫자를 찾고, 하단으로 내려보아 '복덕'을 찾은 다음 그대로 좌측을 보면 '축인일丑寅日'이 있습니다.

이 '축인일丑寅日', 즉 '축일丑日'과 '인일寅日'이 '복덕'일입니다.

제3장 나의 궁합 보기 295

※ **표 보는 법**

상단 자신의 나이를 찾는다.

하단 생기 복덕일을 찾는다.

좌측단의 십이지지 날을 찾아 택일한다.

《남자 - 생기법조견표生氣法早見表》

연령	2	3	4	5	6	7	1, 8	9
	10	11	12	13	14	15	16	17
	18	19	20	21	22	23	24	25
	26	27	28	29	30	31	32	33
	34	35	36	37	38	39	40	41
	42	43	44	45	46	47	48	49
	50	51	52	53	54	55	56	57
	58	59	60	61	62	63	64	65
	66	67	68	69	70	71	72	73
	74	75	76	77	78	79	80	81
택일	82	83	84	85	86	87	88	89
자일 子日	화해	유혼	귀혼	천의	복덕	생기	절체	절명
축인일 丑寅日	절체	복덕	천의	귀혼	유혼	화해	화해	생기
묘일 卯日	절명	천의	복덕	유혼	귀혼	절체	생기	화해
진사일 辰巳日	유혼	화해	생기	절명	절체	귀혼	복덕	천의
오일 午日	천의	절명	절체	화해	생기	복덕	귀혼	유혼
미신일 未申日	복덕	절체	절명	생기	화해	천의	유혼	귀혼
유일 酉日	귀혼	생기	화해	절체	절명	유혼	천의	복덕
술해일 戌亥日	생기	귀혼	유혼	복덕	천의	화해	절명	절체

43세 여자가 길일로 '복덕일'을 찾는다면, '여자 - 생기법조견표生氣法早見表'에서 '43'의 숫자를 찾고, 하단으로 내려보아 '복덕'을 찾은 다음 그대로 좌측을 보면 '유일酉日'이 있습니다.

이 '유일酉日'이 '복덕'일입니다.

《여자 - 생기법조견표生氣法早見表》

연령 택일	3	2, 9	1, 8		7	6	5	4
	10	17	16	15	14	13	12	11
	18	25	24	23	22	21	20	19
	26	33	32	31	30	29	28	27
	34	41	40	39	38	37	36	35
	42	49	48	47	46	45	44	43
	50	57	56	55	54	53	52	51
	58	65	64	63	62	61	60	59
	66	73	72	71	70	69	68	67
	74	81	80	79	78	77	76	75
	82	89	88	87	86	85	84	83
자일 子日	화해	유혼	귀혼	천의	복덕	생기	절체	절명
축인일 丑寅日	절체	복덕	천의	귀혼	유혼	화해	화해	생기
묘일 卯日	절명	천의	복덕	유혼	귀혼	절체	생기	화해
진사일 辰巳日	유혼	화해	생기	절명	절체	귀혼	복덕	천의
오일 午日	천의	절명	절체	화해	생기	복덕	귀혼	유혼
미신일 未申日	복덕	절체	절명	생기	화해	천의	유혼	귀혼
유일 酉日	귀혼	생기	화해	절체	절명	유혼	천의	복덕
술해일 戌亥日	생기	귀혼	유혼	복덕	천의	화해	절명	절체

2) 4대 길일四大吉日

① 천은상길일天恩上吉日

하늘이 은혜恩惠를 내려주는 날이라고 합니다. 결혼일, 맞선, 취업, 이사, 기도, 상량식上樑式(한옥집을 지을 때, 기둥에 보를 얹고 그 위에 마룻대를 올리는 행사), 출행 등 모든 일에 좋다고 하는 날이니 택일하여도 무방합니다.

갑자甲子, 을축乙丑, 병인丙寅, 정묘丁卯, 무진戊辰,
기묘己卯, 경진庚辰, 신사辛巳, 임오壬午, 계미癸未,
기유己酉, 경술庚戌, 신해辛亥, 임자壬子, 계축癸丑일 입니다.

② 대명상길일大明上吉日

신미辛未, 임신壬申, 계유癸酉, 정축丁丑, 기묘己卯,
임오壬午, 갑신甲申, 정해丁亥, 임진壬辰, 을미乙未,
임인壬寅, 갑진甲辰, 을사乙巳, 병오丙午, 기유己酉,
경술庚戌, 신해辛亥일입니다.

③ 천사상길일天赦上吉日

봄春 - 무인戊寅일
여름夏 - 갑오甲午일
가을秋 - 무신戊申일
겨울冬 - 갑자甲子일

④ 모창상길일母倉上吉日

봄春 - 해자亥子일

여름夏 - 인묘寅卯일
가을秋 - 진술축미辰戌丑未일
겨울冬 - 신유申酉일
토왕후사오土旺後巳午일 - 월건月建이 진술축미辰戌丑未가 되는 달의 사오巳午일, 예컨대 경진庚辰월의 기사己巳일을 말합니다.

3) 천롱지아일天聾地啞日

하늘이 귀를 막고 땅이 입을 닫아, 천지가 귀머거리와 벙어리처럼 듣지도 말하지도 않고 만사를 눈 감아 주어 무슨 일을 하든지 무방한 날입니다. 결혼일, 특히 집을 고치거나 지을 때, 화장실을 고치거나 지을 때 무방하고 모든 일에 무방하여 사용할 수 있습니다.

① 천롱일天聾日
병인丙寅, 무진戊辰, 병자丙子, 병신丙申,
경자庚子, 임자壬子, 병진丙辰일

② 지아일地啞日
을축乙丑, 정묘丁卯, 신사辛巳, 을미乙未,
기해己亥, 신축辛丑, 을묘乙卯, 신해辛亥,
계축癸丑, 신유辛酉일

4) 천상천하대공망일天上天下大空亡日

이 날은 모든 일에 아무 탈이 없으니 사용하여도 무방합니다.
갑술甲戌, 갑신甲申, 갑오甲午,
을축乙丑, 을해乙亥, 을유乙酉,
임진壬辰, 임인壬寅, 임자壬子,
계미癸未, 계사癸巳, 계묘癸卯일

5) 오합일五合日

만사대길한 날이니 결혼에 사용하여도 됩니다.
갑인일 - 일월합일日月合日
을묘일 - 일월합일日月合日
병인일 - 음양합일陰陽合日
정묘일 - 음양합일陰陽合日
무인일 - 인민합일人民合日
기묘일 - 인민합일人民合日
경인일 - 금석합일金石合日
신묘일 - 금석합일金石合日
임인일 - 강하합일江河合日
계묘일 - 강하합일江河合日

6) 황도흑도법 黃道黑道法(결혼 예식에 좋은 시간 잡기)

황도黃道라 함은 태양 북극성을 중심으로 이십팔수범위 내에서 공전空轉하는 궤도軌道(길)를 말하는 것이고, 흑도黑道라 함은 태음의 궤도로 황도에서 43도 4분, 양극에서 28도 38분 되는 자리를 말합니다.

황도흑도법黃道黑道法은 혼인식婚姻式(결혼식), 이사移徙, 장례발인시간葬禮發靷時間(장례 때 상여가 집에서 묘지를 향하여 떠나는 시간), 장매葬埋(시신屍身을 묻는 것), 기조起造(집이나 물건을 처음 만들기 시작하는 시점), 개업開業, 진입일시進入日時, 기도하는 날이나 기도하는 시간 등 여러 방면에 있어 날과 시간을 정하는 중요한 방책으로 사용되고 있으니, 대소사大小事를 치르실 때 여러분도 십분 활용하시어 길한 날과 길한 시간을 취하여 덕을 보시길 바랍니다.

특히 일이 급하게 진행되는 가운데 이것저것 택일을 할 경황이 없을 경우에 황도흑도법黃道黑道法을 택하는 것이 가장 무방無妨하다고 할 것입니다. 황도일시黃道日時는 길하고 흑도일시黑道日時는 흉하다고 합니다.

우리 조상님들은 택일을 하는데 있어서 황도흑도법黃道黑道은 생기법生氣法과 더불어 필수적인 요소로 여겨왔다고 합니다. 더구나 시간을 정하는데 있어서 가장 중요한 택시법擇時法이라고 하겠습니다.

※ 일조견표 보는 법
날을 잡고자 하는 달을 선택합니다.
(달은 월건月建을 기준으로 합니다. 다음의 〈월건月建의 지지地支 참고〉)
달을 선택한 뒤 길일吉日을 찾는다.

※ 월건月建

　음양력이 모두 나와 있는 달력을 보면 달력 상단에 경인庚寅월, 신묘辛卯월, 임진壬辰월 등으로 표기 되어 있는데 '경인庚寅' 등이 바로 그것이 월건月建입니다. 예컨대 '음2월 - 신묘辛卯(소)'로 표기되어 있는데 보통 음력달의 표시로 보시면 됩니다. (중국 하夏나라때 건인력建寅曆이 시초 - 이후 한무제漢武帝가 사용하여 지금까지 사용되고 있는 월력月曆)

〈월건月建의 지지地支〉
　음력 1월 - 인寅,
　음력 2월 - 묘卯,
　음력 3월 - 진辰,
　음력 4월 - 사巳,
　음력 5월 - 오午,
　음력 6월 - 미未,
　음력 7월 - 신申,
　음력 8월 - 유酉,
　음력 9월 - 술戌,
　음력 10월 - 해亥,
　음력 11월 - 자子,
　음력 12월 - 축丑

　예1) 음력 7월에 결혼식을 하려는데, 언제가 좋을까 알아보니, 음력 7월이면 월건이 '신申'에 해당하여 일조견표에서 우측 상단 월건 난 첫 줄에 寅, 申으로 되어 있으니 申은 여기에 속합니다.
　그래서 좌측으로 훑어보니 子, 丑, 辰, 巳, 未, 戌날이 모두 ○○황도에 속하여 있어 이 중에서 금궤황도일에 속하는 '辰일'을 결혼식 날로 잡았습니다.

《일조견표日早見表》

구句진陣흑黑도道	사司명命황黃도道	현玄무武흑黑도道	천天뢰牢흑黑도道	옥玉당堂황黃도道	백白호虎흑黑도道	대大덕德황黃도道	금金궤櫃황黃도道	주朱작雀흑黑도道	천天형刑흑黑도道	명明당堂황黃도道	청青룡龍황黃도道	택일(날) / 월건(월)
亥	戌	酉	申	未	午	巳	辰	卯	寅	丑	子	**寅, 申**
丑	子	亥	戌	酉	申	未	午	巳	辰	卯	寅	**卯, 酉**
卯	寅	丑	子	亥	戌	酉	申	未	午	巳	辰	**辰, 戌**
巳	辰	卯	寅	丑	子	亥	戌	酉	申	未	午	**巳, 亥**
未	午	巳	辰	卯	寅	丑	子	亥	戌	酉	申	**子, 午**
酉	申	未	午	巳	辰	卯	寅	丑	子	亥	戌	**丑, 未**
불길하니 만드거나 움직이지 말라	구하는 바가 순조로우니 재수가 있다	불길하니 만드거나 움직이지 말라	불길하니 만드거나 움직이지 말라	원하는 바를 얻으니 크게 기쁘다	불길하니 만드거나 움직이지 말라	구하는 바가 순조로우니 재수가 있다	기쁜 일이 많으니 모두 길하다	불길하니 만드거나 움직이지 말라	불길하니 만드거나 움직이지 말라	귀인이 도우니 만사가 화평하다	매사가 길하여 기쁜일이 있다	길흉내용

※ 시조견표 보는 법

먼저 〈황도흑도법黃道黑道法 일조견표日早見表〉에서 날을 잡는다.

시를 잡고자 하는 날을 본다.

날을 선택한 뒤 길시吉時를 찾는다.

다음, 일반시조견표一般時早見表를 보고 정확한 시간을 찾는다.

〈일반시조견표一般時早見表〉

일본 동경시를 기준하지 않고 우리나라 시간을 기준하였습니다. 오해 없으시기 바랍니다.

자시子時 : 23:31~01:30까지입니다.

축시丑時 : 01:31~03:30까지입니다.

인시寅時 : 03:31~05:30까지입니다.

묘시卯時 : 05:31~07:30까지입니다.

진시辰時 : 07:31~09:30까지입니다.

사시巳時 : 09:31~11:30 까지입니다.

오시午時 : 11:31~13:30까지입니다.

미시未時 : 13:31~15:30까지입니다.

신시申時 : 15:31~17:30까지입니다.

유시酉時 : 17:31~19:30까지입니다.

술시戌時 : 19:31~21:30까지입니다.

해시亥時 : 21:31~23:30까지입니다.

※예1) 길시吉時를 신시申時로 택했다면 15:31~17:30 사이가 됩니다.

3. 비폭력적인 사람

폭력은 습관입니다.

만일 그 폭력을 '사랑하니까' 라는 전제로 행사하거나 묵인한다면 그것은 이미 파멸의 늪으로 빠져들고 있는 것입니다.

진정 사랑하는 사람들이라면 폭력 앞에서는 냉정해져야 합니다.

부부지간에 폭력이 행해졌다면 지금 당장 헤어지십시오.

폭력은 습관이기 때문에 앞으로 살아갈 날들이 가시밭길이 될 것입니다.

한번 뿐인 인생을 폭력으로 얼룩지게 해서는 절대 안 될 것입니다.

부부싸움은 칼로 물 베기라고 하지만, 물이 얼어 있을 때는 물도 쪼개지고 마는 것입니다.

4. 창조적인 사람

사람으로 태어난 것에 감사해야 하지만, 인생이란 아무런 의미가 없는 태어남입니다.

그렇기 때문에 지루할 수가 있습니다.

지혜로운 사람이라면 배우자가 지루하지 않게 부단히 노력하는 사람이 되어야 할 것입니다.

개인적인 생각입니다만, 우리 주변에서 바람난 사람과 대화할 기회가 종종 있는데, 그 이유야 여러 가지겠지만 '사는 게 재미없어' 라고 말하는 것을 그냥 대수롭지 않게 여기는 경우가 많은데, 실제로 사는 게 아무 의미도 없고 그렇기 때문에 재미가 없을 수밖에 없어서 바람

2. 평등사상을 가진 사람

　부부라는 것이 만나서 함께 살아가는 가장 가깝고 다정한 사이인데, 대부분 신혼기를 거치면서 처음의 불타오르던 사랑은 온데간데없고 '니가 잘났냐! 내가 잘났다!' 하며 가권家權을 장악하기 위해 기氣싸움으로 허송세월을 하는 부부가 적지 않습니다.
　어떠한 계기가 그렇게 만들어 놓은 것인지 그 원인도 다양하겠지만, 제가 개인적으로 생각하는 원인은 자기 자신만의 이상을 실현하고자 하는 것에서부터 문제가 생기지 않았겠나 하는 생각을 해 봅니다.
　사람으로 살아가면서 자신의 이상을 실현해가는 것이 무엇보다 중요하다고 생각합니다만, 너무 가정적인 생활만을 주장한다든지, 아니면 너무 사회성을 주장한다든지 한다면 부부들 중 십중팔구는 싸움을 하게 되고 이를 계기로 평생 지워지지 않는 상처를 안고 살아가게 되며 심하면 파경을 맞는 경우를 보게 됩니다.
　저는 가부장적 남성우월주의를 싫어하는 사람 중에 한 사람입니다. 그렇다고 해서 패미니즘적 여성우월주의를 좋아하는 사람도 아닙니다.
　누구나 자신이 가지고 있는 개성이 있는 것이고, 그것을 상대방에게 강요해서도 안 되고 상대방보다 뛰어나다, 잘났다라고 생각해서도 안 될 것입니다.
　그저 그 개성을 서로 이해하고 보듬어 줄 줄 아는 사람이 배우자로서 바람직하지 않겠나 생각해 봅니다. 물론 사회생활도 마찬가지겠지만 말입니다.

세월이 흘러 들을 소리 안들을 소리, 볼 것 못 볼 것, 맛 볼 것 안 볼 것 다 경험을 하고 난 후에는 그저 현실에 찌들어 사랑 얘기만 나와도 '그 잘나빠진 사랑 나부랭이는 다 소용 없이!' 라는 말이 입에서 절로 나오지만, 내심으로는 '나도 진짜 사랑을 한번 해보았으면…' 하는 바람은 누구나 한결같은 속마음일 것입니다.

철학원을 하다보니 별에 별 사람을 다 만납니다.

부부지간에 한 지붕 밑에서 각방을 쓰며 사는 부부가 있는가 하면, 남편이 부인을 죽이려고 일부러 음독시키려했던 사례도 있고, 남편이 부인 몰래 둘 셋씩 외간 여자를 거느리고 사는 사례가 있는가하면, 부부라는 이유나 경제적 이유, 혹은 아이들 때문에 죽지 못해서 같이 산다고 하는 사례 등등 인간으로서 도저히 납득이 가지 않는 헤아릴 수 없이 많은 가당치도 않은 이유들로 인하여 부부들이 가식적인 삶의 굴레에서 하루하루 영혼을 죽여 가며 사는 것이 현실이다 보니, 이러한 현실을 잘 보고 자란 젊은이들이 진정한 사랑에 목말라하는지도 모르겠습니다.

물론 사랑보다 당장 먹고사는 현실이 더 중요할 수도 있습니다.

그러나 인간의 대명제는 죽는다는 것입니다. 인간은 누구나 태어나면 죽게 마련입니다. 그 누구도 예외일 수는 없습니다. 한번 뿐인 인생을 가식적인 굴레에서 헤어나지 못하고 그저 먹고 싸는 일만하다가 죽을 수는 없습니다. 그렇기 때문에 마음속에서는 사랑을 더욱 더 목말라하는지도 모릅니다.

결혼을 하든, 동거를 하든, 잠시 잠깐 만나는 사이든 간에 진정 사랑하는 사람을 만나십시오. 그러면 그 사랑하는 마음은 영원히 간직될 것입니다. 그 진정한 사랑은 서로가 헤어진 후에도 가슴 깊이 남아 이따금 떠오르는 삶의 미소가 될 것입니다.

1. 사랑하는 사람

　부부의 만남이 진정한 사랑으로 이루어지는 것을 바라지 않는 사람이 없을 것입니다.
　환경적으로 맞지 않거나 사회적 신분의 차이라든지, 종교적 이유라든지 두 사람이 인연이 되는데 여러 가지 장애요소가 많이 있습니다.
　그러나 진정한 사랑이 있다면 이러한 장애요소는 하등의 문제가 되지 않습니다.
　사랑은 모든 장애를 극복할 수 있는 것입니다.
　속된말로 '눈X이 뒤집혀서 물불 안 가리는 사랑을 누가 말리누…' 라고 어른들이 자조 섞인 말씀을 하시던 것이 생각이 납니다. 어린 시절에는 그 말이 그저 철모르는 남녀간의 육체적인 사랑이구나라고 생각했었는데, 나이가 들어가면서 아, 그것이 진정한 사랑이었구나 하는 생각을 해 봅니다.
　혹여 이러한 말이 배부른 소리라고 할지는 모르지만 살아가는 동안

제4장
역학인이 바라본 좋은 배우자는?

《시조견표詩早見表》

구句진陣흑黑도道	사司명命황黃도道	현玄무武흑黑도道	천天뢰牢흑黑도道	옥玉당堂황黃도道	백白호虎흑黑도道	대大덕德황黃도道	금金궤櫃황黃도道	주朱작雀흑黑도道	천天형刑흑黑도道	명明당堂황黃도道	청靑룡龍황黃도道	택일(날) / 월건(월)
亥	戌	酉	申	未	午	巳	辰	卯	寅	丑	子	**寅, 申**
丑	子	亥	戌	酉	申	未	午	巳	辰	卯	寅	**卯, 酉**
卯	寅	丑	子	亥	戌	酉	申	未	午	巳	辰	**辰, 戌**
巳	辰	卯	寅	丑	子	亥	戌	酉	申	未	午	**巳, 亥**
未	午	巳	辰	卯	寅	丑	子	亥	戌	酉	申	**子, 午**
酉	申	未	午	巳	辰	卯	寅	丑	子	亥	戌	**丑, 未**
불길하니 만들거나 움직이지 말라	구하는 바가 순조로우니 재수가 있다	불길하니 만들거나 움직이지 말라	불길하니 만들거나 움직이지 말라	원하는 바를 얻으니 크게 기쁘다	불길하니 만들거나 움직이지 말라	구하는 바가 순조로우니 재수가 있다	기쁜 일이 많으니 모두 길하다	불길하니 만들거나 움직이지 말라	불길하니 만들거나 움직이지 말라	귀인이 도우니 만사가 화평하다	매사가 길하여 기쁜일이 있다	길흉내용

※예(2) 위의 '예(1)'에서 음력 7월에 결혼식을 하려는데,

언제가 좋을까 알아보니, 음력 7월이면 월건이 '신申'에 해당하여 일조견표에서 우측 월건 첫줄에 寅, 申으로 되어 있으니 申은 여기에 속합니다. 그래서 그대로 좌측으로 훑어보니 子, 丑, 辰, 巳, 未, 戌일이 모두 ○○황도에 속하여 있어 이 중에서 금궤황도일에 속하는 '辰일'을 결혼식 날로 잡았습니다.

그런데 몇 시에 할 것인가 궁금하여 따져보니,

시조견표에서 '辰날'이 우측 택일 난 세 번째 줄에 辰, 戌로 되어 있어,

그대로 좌측으로 훑어보니 辰, 巳, 申, 酉, 亥, 寅시가

모두 '○○황도'에 속하여 있어 이 중에서 금궤황도에 속하는 申시(15:31~17:30)에 결혼식을 하기로 하였습니다.

난 경우가 대부분이라고 생각합니다.

  재미없는 사람과 같이 산다는 것은 암흑 속에서 사는 것과 같은 것입니다.

  암흑을 탈출하려고 바람을 피우는 것입니다.

  부부지간에는 항상 새로움을 추구해야 합니다.

  아무 의미 없는 인생에 의미를 부여해야 한다는 것이지요.

  인생에 의미를 부여하는 가장 기본적인 것은 대화를 하는 것이라고 봅니다.

  그 대화는 사소한 일부터도 좋고 사회 돌아가는 얘기, 정치 이야기, 스포츠 이야기 등등 우리 주변에서 쉽게 찾을 수 있는 신변잡기 얘깃거리를 부담 없이 나누다보면 아무 의미 없던 인생이 커다란 의미가 생겨난 것처럼 느끼게 되는 것입니다.

  그러니 애초부터 서로 말이 통하는 배우자를 선택해야겠지요. 보통, 취미를 같이 할 수 있는 배우자라면 더더욱 좋겠지요.

5. 현실적인 사람

  현실을 떠나서는 살 수 없는 것 또한 현실입니다.

  그 현실은 돈이 있느냐 없느냐로 사느냐 죽느냐가 판가름 나는 것입니다. 우리의 목숨까지도 좌지우지하는 것이 금전이니, 행복한 가정을 이끌어 가는 원동력이자 기본적 생활을 유지하는 돈을 벌어들일 능력이 있느냐 없느냐가 부부의 필수조건인 것입니다. 이것이 아니라고 하는 사람은 가정을 이끌어 갈 자격이 없는 사람이라고 단호하게 말 할 수 있습니다.

돈을 벌어야 한다는 마음은 누구나 가지고 있습니다만, 돈을 버는 방법이 현실에 맞지 않는 생각을 가지고 항상 뜬구름을 ◎는 사람도 더러는 있어서 결국 가정파탄에 이르는 지경까지 가는 경우도 있습니다. 그렇지 않으면 돈보다도 자신의 학문적인 이상을 실현하기 위해서 라든지, 자신의 취미나 기호에 맞는 일만을 추구하여 경제적 활동을 하지 않는 경우도 있으니 이런 상대방은 애초부터 인연을 맺지 말아야 나중에 어려움을 당하지 않을 수 있습니다.

일단은 기본적으로, 십 원을 벌어도 가족을 부양할 자세가 되어 있는 사람이라야 배우자로 적합하다는 말을 하고 싶습니다.

그리고 개인간의 현실적 문제로써 사람은 남녀를 불문하고 각기 다른 체형과 체력, 두뇌를 가지고 있습니다. 현실과 부딪히는 이유가 여기에도 있는 것입니다.

체형이 다르다고 하여 농담이나 비아냥거림이 잦은 경우, 체력이 강한 자신과 똑 같은 체력을 가졌을 것이라고 생각하여 상대방 체력 생각하지 않고 무리한 일을 요구한다든지 하는 경우, 머리가 나빠 뭣에 쓰겠냐는 등의 무시하는 언행들로 인하여 돌이킬 수 없는 파경을 맞이 하는 경우를 주변에서 종종 보곤 합니다. 이런 이유로 파경을 맞는 부부를 보면 처음에는 아무 것도 아닌 것처럼 여기는데, 당하는 입장에서는 마음속에 앙심을 품게 되어 나중에는 곪아터지게 되는 것입니다.

그러니 진실된 돈을 벌고자하는 의욕과 더불어 상대방의 현실에 처한 육체적 정신적 입장을 바르게 이해하는 사람이라면 좋은 배우자가 될 것입니다.

제5장
나쁜 궁합을 극복하는 방법

서로 맞지 않는 궁합을 만났다면 함께 사는 날 까지는 어쩔 수 없는 노릇이니 이를 극복하는 노력이라도 해 보는 것이 최소한의 인간된 도리라고 생각합니다.

사주를 보다보면 서로 어울리지 않는 궁합이 있는데, 그 부부를 자세히 관찰을 해 보면 성격적인 면이 두드러지게 강하다는 것입니다.

성격이 강하다는 것은 자신이 살아오면서 정립된 생활의 확고한 신념에 의해서나, 혹은 남의 의견을 경청하지 않는 고집에서 문제가 발생한다는 것을 알 수 있습니다. 보통 자아가 강하다, 고집스럽다고 하는 것입니다. 좋게 말하면 신념(?)이 강하다라고 하겠습니다.

고집을 버려야 서로의 마음을 상하지 않게 하는 것인데, 이 놈의 고집을 좀처럼 억제할 수 없는 것이 평범한 사람들의 특성인가 봅니다.

결국 나쁜 궁합을 극복하는 방법은 자신의 고집을 버리는 것인데, 고집에다가 나쁜 습관이 더해지면 말할 것도 없겠습니다. 이에 대한 설명을 간단히 말씀드리고 끝을 맺겠습니다.

1) 기도법

사람의 천성은 바뀌지 않는다고 합니다. 실제로 그렇지요.
타고난 고집은 천성이니 바꿀 수 없다고 합니다.
성현들은 타고난 강퍅한 고집을 바꿀 수 없다는 것을 잘 알고 있었기에 마음을 다스리는 공부를 많이 하였던 것입니다. 즉 강퍅한 고집을 잠재우고 가라앉히는 노력을 하였던 것입니다.
그 노력 중의 하나가 기도를 하는 것입니다.
예를 들면,
자신의 고집스러움이 느껴질 때 자신의 종교나 취향에 따라 '관세음보살', '하나님 아버지' 등을 마음속으로 계속해서 되뇐다든지, 자신이 좋아하는 사람의 얼굴을 떠올린다든지 하는 것입니다.
복잡하게 생각하실 것 하나도 없습니다.

2) 경전법

자신의 고집스러움이 느껴질 때, 성현이 설파하신 훌륭한 글들을 사경寫經(경전經典에 있는 글을 다른 종이에 그대로 옮겨 적는 일)하여 마음을 다스리는 것입니다. 이 사경寫經도 꼭 몇 장 분량을 채워야겠다는 고집보다는 마음이 가라앉을 때까지 써내려가는 것이 좋습니다.
예를 들어, 어느 경전의 구절을 100장 써야겠다는 강한 집념은 오히려 고집스러움을 더 키우는 꼴이 되고 마는 것입니다.

3) 운동법

　고집이 생기는 이유는 자신이 강하기 때문이니, 그 강한 내면의 욕구를 땀으로 배출하게 하는 운동이나 등산 등도 마음을 가라앉히는 좋은 방법이 되는 것입니다. 물론 자신에게 맞는 운동을 택하여서 하시는 게 좋겠지요.
　끝으로,
　심심풀이로 보는 궁합이라고는 하지만, 무언가 보이지 않는 기운이 내포되어 있는 것은 부인할 수 없는 노릇입니다. 이 궁합 책을 참고하셔서 그 보이지 않는 나쁜 기운을 피해가시기 바랍니다.

　　　　　　　　　　　　　(사주궁합 상담: 010 - 3422 - 4442)
　　　　　　　　　　　　　　　　　- 도 담 합 장 -

<참고문헌>

브리테니커 백과사전

六甲解冤經

天機大要

擇日大要

周易 - 南晩星

平康秘傳 - 上下

宇宙變化의 原理 - 韓東錫

韓國人의 性과 迷信 - 李圭泰

韓國宮合學秘訣 - 南宮 祥

韓國의 歲時風俗

黃帝內經素問

혼불 - 최명희

等